谨以此书献给福建省厦门双十中学九十华诞

杏 坛 匠 意

# 福建省厦门双十中学教师文丛

陈文强　黄友供　主编

# 中学写作思维教学研究及训练

林婉卿　著

厦门大学出版社
XIAMEN UNIVERSITY PRESS

# 总　序

厦门双十中学校长　陈文强

　　由我校 10 位学者型、专家型教师撰写的《杏坛匠意——福建省厦门双十中学教师文丛》就要出版了，这是一件可喜可贺的事情。

　　四年前，我校教研室提出培养学者型专家型、教师的构想，获得原校长陈江汉（现任厦门市教育局副局长）的首肯，经与北京师范大学教育学院（现合并到教育学部）商议，达成学者型、专家型教师"一对一"培养协议，由该院指定石中英、丛立新、刘复兴、王本陆、朱旭东、李家勇、刘淑兰、马健生、康永久、张东娇 10 位著名专家学者，对我校 10 位中青年骨干教师实施为期三年的"一对一"专业指导，并于 2006 年 3 月在北京师范大学举行培养启动仪式。当时，我作为代校长，参加了仪式，自此担负起这一重大培养项目的责任，时时刻刻地关注着培养的进程。现在，三年过去了，10 位教师也学有所成了，摆在面前的这套文丛，就是他们沉甸甸的学习成果。

　　中小学有没有必要培养学者型、专家型教师，传统观念是否定大于肯定的。理由很简单，中小学教师能够教好书就不错了，没必要成为学者和专家，也不可能成为学者和专家。但事实上，中小学产生过自己的专家、学者，如大家熟悉的斯霞、霍懋征、崔峦、于漪、魏书生、孙维刚等。他们都取得独特的建树，作出卓越的贡献，成为基础教育的专家、学者，成为一个学科、一所学校乃至一个时代的教学品牌和教育标志，成为全国中小学教学的榜样。这表明，中小学很需要也有可能产生属于自己的专家、学者，成为引导教师前进的领军人物。从今天来看,没有领军人物的教师团队,是很难适应校本教师专业整体发展的要求,很难形成校本教学特色品牌的。尤其是在课程改革不断深化,素质教育不断推进的今天,培养中小学学者型、专家型教师,更有着深远的理论意义和实践意义。这是我们的认识,也是当今基础教育必须担当的要务。

中小学教师能否在教好书的同时,也成为学者型、专家型教师,传统观念也是持怀疑态度的。道理也很简单,中小学教师教学任务繁重,升学压力很大,哪有时间完成艰巨的学习和科研任务。事实是最好的回答,我校接受培养的10位教师,大多是高三的现任教师,有的还担任教研组长、备课组长、班主任等,教育教学任务繁重。但令人敬佩的是,他们排除了方方面面的干扰,克服了大大小小的困难,取得了教学业绩和学术成果双丰收。这表明,中小学教师完全可以在成为教学能手的同时,也成为学者型、专家型教师。关键是如何正确处理好工作与学习的关系;如何在优质完成教学任务,达成教学目标的同时,也实现自身专业发展的追求。他们的成功,是教师的真正成功,不但打破了中小学教师难以成为学者型、专家型教师的神话,而且揭示了中小学教师迈向真正成功的可行之路,其启示意义是发人深省的。他们,是双十教师的缩影;他们的精神,是双十精神的集中体现。

这套丛书,是他们的专著集合,内容涉及教师成长修炼、教师专业发展、学校文化建设与学生健康人格养成、有效教学、写作思维教学、快乐语文、天文教育、生物教学研究等等方面。其突出特点有三:

第一,理论与实践结合,具有鲜明的校本特色。这些教师长期奋战在教学第一线,经过三年的理论培训和专题研究,不仅具有一定的理论功底,而且对校本探索实践有了新的思考,故他们的专著,突出的特征就是理论与实践结合,有鲜明的校本特色。如蔡芝禾老师的《高中新课程背景下的教师专业发展》，从当代学校教育和高中新课程改革对教师专业发展要求的高度，阐述了教师专业发展的目的、任务、途径和作用，并以本校为研究个案，对本校教师的专业发展进行了深入调查和细致的分析，总结出教师专业发展的学校个案经验，有针对性地提出在高中新课程背景下学校促进教师专业发展的策略和措施。又如张秀琴老师的《校园文化建设与高中生健康人格的养成》，立足本校校园文化建设的历程，结合国内外校园文化建设的情况，对校园文化建设进行了多角度、多层次的探讨，阐述了优良的校园文化对提高教育质量、健全学生人格、促进学生全面发展的作用，提出了在新课程改革的理念下，校园文化建设的新内涵、新思路和新发展。这样，理论阐述便有了归依，学校特色便有了依傍。无论叙述，无论分析，无论归结，无论升华，在这套丛书里都理据充分，理法彰著，呈现较大的思辨张力和浓厚的校本气息。

第二，执著与创新并举，闪烁双十精神的光辉。当前的课程改革，有的地方，有的学校，有的教师，丢掉了自己经年形成的优秀传统和经验，一味搬用外来的理念和做法，使课程改革缺失深厚的根基和鲜明的特色。我们的教师不是这样，而是从实际出发，尊重我校的文化传承和精神传承，尊重自我的经验和创新。如郑敏玲老师的《快乐语文教学对话录》、林婉卿老师的《中学写作思维教学研究及训练》，其选题都是人们早已冷落的，但她们能够基于自己长年不懈的探索，从新的角度、新的层次，去赋予快乐语文和写作思维训练新的内涵、新的特色、新的作用、新的意义。或于生动细致、翔实丰富的语文课内外教学中引导学生快乐，有效地学语文，激发学习语文的兴趣，交给学习语文的方法，培养综合的语文学习素养；或于科学有序、严谨扎实的写作思维训练中培养学生良好的写作思维品质，拓展学生作文的自由广阔天地，让学生爱写作文、会写作文、写好作文。充分体现独特的实践和创新思维。陈聪颖老师的《校园的星空》，更是执著古老的天文科学，坚守天文教育的冷僻角落，穷尽 20 年的艰难探究，闯出一条校园式的天文教育之路。

第三，个性与共性相融，彰显课改的普适意义。个性与共性是既对立又相融的，互为影响、互为促进的统一体。在个性恣意张扬的今天，这一常识被有意或无意地颠覆了。我校的老师们则显得很清醒、很理性。刘艳丽老师的《成长中的五项修炼》，把教师个性成长的修炼置于新课程改革中的教师更新教学角色、更新教学计划、更新教学行为、更新教学方式和更新学习评价的策略探索中去观察，去思考，去砥砺和磨炼；王守琼老师的《让你的教学更有效》，从个性化的典型问题和案例入手，展开常规性的教学逻辑线索，进行有效教学的校本分析研究，为老师提高教学有效性提供共性化建议；郑昭琳老师的《数码显微生物教学研究》，于具体实用、操作性很强的个性化教学案例中，阐明新兴的、快速发展的数码显微镜及其网络技术生物教学的宽广前景。这些都彰显了课改的普适意义，对如何处理个性与共性的关系，推进课改的科学探索，都有着现实而深刻的启示。

这 10 位教师成长的三年，正是我省高中新课程改革实施的三年。他们能在导师的指导下，结合高中新课程改革进行专题研究，取得可资教师实施高中新课程参考的成果，是难能可贵的。从这个角度来说，他们的成果也是教师与高中新课程一起成长的成果。

衷心感谢北京师范大学原教育学院张斌贤院长、王雁副院长和各位导师们。

2009 年 8 月 8 日

# 序　言

　　中学教师到大学进修、培训是其专业发展的一种方式,在大学里,他们可以再次聆听到大学教授对学术问题的"阔论",但多了一份判断,因为已经少了当初在大学时候那种对教授的"崇拜",甚至还有一份与大学教师一起讨论问题的快乐,尽管大学教师对于实践问题的看法、意见甚至思想并没有显得信心十足,但他们依然还是对大学教师很尊敬,这是我对与福建省双十中学的老师在北京师范大学进修过程中的一种感受,尤其是和林婉卿老师的多次交流中深深地体会到的一种情感,同时这些感受和情感还引发了我的一些思考,那就是为什么中学教师要到大学来进修? 怎么进修?

　　回答这个问题还得联系林老师在进修期间选择的一个题目,即"中学生写作思维能力培养研究"。名义上我和林老师是指导和被指导的关系,但实际上我对这个选题的指导并没有太多的信心,这也是上文所说的"并没有显得信心十足"的写照,因为我研究的方向与这个选题根本不在一个领域内,但在交流过程中,让我捕捉到了一个十分有意思的话题,那就是她研究的选题是关于写作思维的,而研究这个选题并在撰写这本书的时候也会涉及"写作思维",于是我就问她,这两种"写作思维"是否相同,林老师的回答是否定的,这就让我找到可以指导林老师做这个选题的理由了,似乎也找回来了原来的些许自信,因为"中学生写作思维能力培养研究"是一个学术选题,是一种学术研究,学术研究是大学教师的"天职"。关键的问题还在于林老师是一位中学老师为什么要做学术研究? 这就不得不讨论"教师做研究"的话题了。

"教师做研究"在当下已经成为行内争论的焦点,反对者认为,教师的专业是教学,教师的工作就是教好书,育好人;而赞同者认为,教师不是教书匠,不是传声筒,而是研究者,把教学当做研究对象的专业人员,还有人折衷地认为,教师的主要工作是教学,但需要以研究为基础,看来这里涉及几个重要概念,即教师、专业、教学、研究,进一步需要讨论的是这几个概念之间的关系问题。

教师的专业是什么? 是教学。专业具有什么特征? 在我看来,专业应该具有丰富的知识基础,系统的能力结构,深厚的伦理要求等特征,于是教学需要有丰富的知识基础,系统的能力结构和深厚的伦理要求,在逻辑上,教学和专业是一致的;专业具有不可替代性,专业具有发展性,专业具有对象的不可回复性和变化性,显然教学对于非专业人员而言具有不可替代性,官员、家长、企业经理、医生、律师、工程师等都无法来替代教师,因此教师在教学问题上的专业性是自主的,是不受外来干扰的,并且具有权威性;教学具有发展性,既体现了对象的发展性,又体现了教师自身的发展性,实现发展性需要内在动力和外在条件,教师要用自身的发展性去实现对象的发展性,否则就无法达到终极目标;教学具有不可回复性和变化性,也就是对象的不可回复性和变化性,教学对象不是工厂里的产品可以有实验品和试验品,甚至可以"回炉",不可再来的,永远处在变化之中,因此教师发展性永远和对象的发展性相伴。所有这些特征决定了教学作为专业是不可能静止不变的,教师是一个发展着的个体,与教学专业融为一体的发展主体,这就意味着教师要"求变",问题是如何"求变"? 现实的途径很多,可以通过提升学历,也可以通过进修,也可以通过考察访问,也可以通过阅读,也可以通过同伴相助……但最重要的是通过研究,因为研究具有促进发展的功能(R&D),教师做研究可以促进教师发展。林老师是一位在中学语文教育上具有相当丰富经验的教师,尤其在中学生写作教学上卓有成效,一个教师专业发展的最有说服力的标志莫过于有效教学,对她而言,她所教的学生在语文写作能力上表现突出,也积累了可以与其他教师进行知识交流的丰富的语文写作的经验,显然中学语文教学是她的专业,而这个专业通过她在研究内容上的表达也是具有显著的发展性,"变化"是她必须要面对的一个挑战,尤其是在写作教学上,书中不同案例、不同时期的案例充分说明了这一点,那么林老师如何去面对这种"变化"的挑战呢?她选择了研究。

确定了研究的必要性后,如何做研究呢?在回答这个问题之前,首先需要回答教师做什么研究的问题。既然教师、专业、教学和研究是联系在一起的,那么毫无疑问教师要做教学的研究,教师的研究对象是教学,通过研究促进教学的发展,从而促进教师发展。于是问题可以进一步表述为教师如何做教学研究?这里涉及一个研究的普遍性和特殊性问题,从普遍性上来看,只要是研究,应该具有通则性,那么教师如何做教学研究则具有研究的通则性属性,于是如何的问题就转变成方法的问题,也就是教师用什么方法做教学研究。显然方法是多样的,因而教师做教学研究的方法也是多样的,从方法谱系来看,有定量研究和定性研究两大类型的区分,具体的研究方法有文献法、观察法、调查法、统计法、比较法、案例法,还有民族志研究、历史研究、评价研究、行动研究……不一而足,看来,教师做教学研究可以用以上方法,问题在于运用这些方法是需要训练的,那么只有通过实践才能理解和掌握这些方法,教师在做教学研究中理解和掌握这些方法。我相信,林老师通过选择"中学生写作思维能力培养研究",也一定体会到研究对她理性地认识问题的重要性,更重要的是学会了一定的研究方法,如对有关写作思维的研究文献的梳理,找到构建写作思维能力的逻辑框架的知识基础,通过对中学生写作思维能力培养研究的文献的阅读,找到了其进一步研究此领域的方向,通过对以往积累的中学生写作文本的分析,也就是个案、案例分析,也理解了案例研究法在中学生语文教学研究中的有效性。

上面提到,研究促进教学发展,这种发展是通过什么形式或途径表现出来的呢?也就是衡量发展的标准是什么?换句话说,教师做研究促进教学发展的标准是什么?应该说标准的构成是多维的,但其中有一个是,通过研究创建了教师教学模式,并且概念化地表达出来,获得同伴理解,从而成为一种可共享的知识。这就涉及教师专业发展层次或水平了。教师专业发展是有层次性的,如果把教师专业发展分成经验主体层次、认识主体层次、价值主体层次和审美主体层次,那么"通过研究创建了教师教学模式,并且概念化地表达出来,获得同伴理解,从而成为一种可共享的知识"应该属于认识主体层次。从现实角度来说,大部分的教师都在经验主体层次,如何上升到认识主体层次要依赖于学术基础,能够上升到价值主体层次和审美主体层次,则是教师专业发展的最高境界了。我很希望林老师通过这个选题的研究能够真正地实现从经验主体层次向认识主体层次的飞跃。事实上,我相信,通过这个选题的研究,她已经把"中学生写作思维能力培养研究"作为自己今后专业发展的一个方向了,不久的将来,她是否会成为研究这个问题的专家呢? 这是我们非常值得期待的。

这本书是林老师自走上教学专业以来在中学生写作思维能力培养上的一种实践努力,并且以学术化的方式表达出来,对于同行们具有非常重要的参考价值,它体现在两个方面,一个是个人专业成长的参考,也就是如何成为一个有认识主体水平的教师;另一个是中学生写作思维教学,她会给你娓娓道来写作思维能力培养的教学技艺。

朱旭东

2009 年 8 月 3 日

（朱旭东,博士,北京师范大学教育学部教授、博士生导师,北京师范大学教师教育研究所所长,教育部教师教育专家委员会秘书长,教育部普通高校人文社会科学重点研究基地北京师范大学教师教育研究中心执行副主任。）

# 目 录

# 导　言

## 1.1　题的背景

　　我国教育有好的传统,在基础知识、基础技能的训练上积累了比较丰富的经验。但相比之下,我们对培养学生创造性思维却不那么重视。特别是受到"应试教育"的干扰,"考什么教什么,教什么背什么"的教育模式使传授知识和接受知识几乎成为学校教育的唯一目标。长期以来沿用划一的内容和固定的方式培养循规蹈矩、听话顺从的"乖孩子",时时以应付考试为目的,处处以标准答案为准则,最终以升学为唯一追求。

　　曾有人这样概括我国教育的弊端:小学教育是"听话教育",中学教育是"分数教育",大学教育是"放任教育"。这种说法虽然尖刻和有失偏颇,但却从另外一个角度形象地概括出了我国教育不注重创新能力培养的缺憾。中小学生在沉重的课业负担下,学生很少有自由支配的时间和空间,个性得不到充分发展,思维得不到应有的锻炼。这就抑制了学生自己的主动思考,阻碍了学生主观能动性的发挥,扼杀了他们的探索精神和创新精神,使他们只会机械地接受现成的东西。长期以来,学生在唯书、唯上、迷信权威、盲目服从的思维定式中生活,最终丧失思考能力,丧失创造的愿望,在读书、做题、考试三位一体的教育循环圈里共同走向雷同与平庸。

一个民族要想站在科学的最高峰,就一刻也不能没有理论思维。纵观人类社会发展的历史,就是人们不断改造、不断发展的历史。人类已经进入 21 世纪。这是一个科技飞速发展的年代,国家之间的科学技术竞争日趋激烈。其实,这种竞争的实质就是人才的竞争,教育的竞争。要培养一个人成材,很重要的一个因素在于科学思维的培养。我国古代大教育家孔子有句名言:"学而不思则罔,思而不学则殆"①,宋代教育家程颐则认为"为学之道,必本于思。思则得之,不思则不得也"②。可见,思维作为一种能力和品质,作为人的智力的核心,它是人的智慧的集中体现。正因为如此,中外教育家总是把对学生的思维培育作为学校教育的一项十分重要的任务。苏霍姆林斯基说:"在学生的脑力劳动中,摆在第一位的并不是背书,不是记住别人的思想,而是让学生本人进行思考,也就是说,进行生动的创造。"

人的思维能力又是从何而来?无可置疑,教育可以激发人的创造性思维能力。我国教育有良好的传统,在基础知识、基础技能的训练上积累了比较丰富的经验。相比之下,我们对培养学生创造性思维却不那么重视。尤其在语文学科的写作训练中。我国语文教育家叶圣陶早在 20 世纪 40 年代就曾提出,"训练思想(维)"应该是学校各科教学的共同任务。

在学生的学习活动中,别的领域中往往可以通过接触具体可见的事物或实验程序直观地显示、补充、修正和完善思维的整个过程,比如数学的运算可以借助计算机或别的仪器来完成,物理、化学的问题可以通过实验课帮助解决。唯独作文,它既无直观教具,又无公式原理,无论是形象的观照描绘,还是情绪的体验和抒发,或者是思维的酝酿阐述,结论的形式表达,都不能够及时地得到直观的印证,整个思维过程完全是在抽象的情况下完成的,这个特点大大增加了写

---

① 孔子著,徐志刚译:《论语通译·为政》,人民教育出版社 2005 年版,第14 页。

② 《二程全书》,人民教育出版社 2001 年版,第 68 页。

作的难度。写作能力并非天赋神授、与生俱来的。通过中学写作思维教学的研究,将学生的写作潜能最大限度地发掘出来,这是本课题研究的宗旨与目标。

但作文又有其优势的一面,能更直观地表达思想,能充当交流思想的工具,就是因为它一靠语言,二靠思维。无论是写文章给别人读,或是读别人写的文章,都是既要靠语言,又要靠思维。

知识经济时代,创新精神、想象能力、思维能力日益凸显其独特的地位和价值,甚至决定着一个国家和民族的综合实力和竞争力。"面对世界科技飞速发展的挑战,我们必须把民族创新能力提高到关系中华民族兴衰存亡的高度来认识。教育在培育民族创新精神和创造型人才方面肩负着特殊的使命"。1999 年 6 月,第三届全国教育工作会议向全国人民、向教育工作者提出了"着力提高国民的综合素质和创新能力,实现中华民族的伟大复兴"的号召。为了实现提高国民的创新精神和实践能力这一目标,必须努力培养具有主体精神的新一代,而课程是实现这一目标的载体。教育部新颁布的《语文课程标准》强调"在教学中要加强学生自主的语文实践活动",通过"开展丰富多彩的语文实践活动,拓宽语文学习的内容、形式和渠道,使学生在广阔的空间里学语文,丰富知识,提高认识,增长才干"。

长期以来,语文教学,尤其是作文教学存在着种种争议和不恰当的评价,社会各界对语文教学展开了一场反响极大的大讨论。我们也应该看到,当代语文教学也悄悄地发生深刻的变革,从教学内容到教学模式,从教学思想到教学方法,从教学技巧到教学艺术,出现了可喜的跃进,语文教学出现了前所未有的生机和活力。传统教育接受着来自不同方面各种各样的挑战,而教育也必须挑战自身,不断"更新",才能经受时代的考验。本课题就是在这个背景之下提出的。

## 1.2 从教二十多年的教学体会

作文能否通过平时的教学获得大幅度的提高?这是语文教育工作者长期思考的问题且沸沸扬扬讨论了几十年的老话题,根据个人二十多年从教的教学体会,作文是能够大幅度提高,也能快速提高的。学生中有哪些思维受阻的现象?如何突破?教师甚至是长期从教的教师在作文教学中是否有思维受阻的现象?为此,我们应先了解并研究学生、教师思维受阻的现象。

## 一、视野狭窄,材料陈旧

"以我手写我心",作文本是学生发表见解,流泻感受的一片自由的天空,那种一吐为快的感受应该是妙不可言的,是一种快乐的写照。可是我们发现,一到作文,学生便抓耳挠腮,"想说爱你不容易",作文方法、技巧讲了一大堆,但是具体到写作上,学生还是感到无话可说,"巧媳妇难为无米之炊"。当代的中学生往往把作文当做苦差事,视为沉重的负担;感到无材料可写,有话说不出……即使写了也是千人一面;尽管字迹千差万别,文章却大同小异,如模子中套出来的;更缺乏生动活泼的气息。究其原因,还是学生因长期生活在家庭和校园的狭小的空间内,视野狭窄,阅历有限,生活积累不够所致。另外一个重要的原因就是对生活的熟视无睹,视而不见。一些学生平时读书不多,看报不多,不善于积累,写文章是离不开选用事例的,但我们在写作教学中发现,很多学生选用事例几年如一日就是这么几个事例:写到好人好事,就是列举雷锋、焦裕禄、孔繁森;写到子女教育,就是孟母三迁、岳母刻字、孔融让梨;写到爱国主义,少不了举一身正气的文天祥、抵制鸦片的林则徐;一谈起学习勤奋,或是谈意志力、把握机遇的话题,就是张海迪、华罗庚、爱迪生、爱因斯坦、居里夫人等。这些熟例你用我用,陈陈相因,毫无新意,倒成了学生们多年来的"保留节目",制胜的法宝了。不是上述事例不能举,而是举得太多了,不能给人以新鲜感。那些用例趋熟,拾人牙慧的文章是毫无可读性的,因为它缺少了作者用例的灵气和个性,选用事例除了追求恰当、典型以外,还必须力求新颖,舍弃大家都用的熟例子,选用那些会令读者眼睛一亮,怦然心动的新例,定会收到意想不到的效果。而"学生面对写作,表现的是怨天尤人、愁眉苦脸、无可奈何、长吁短叹,真正喜欢作文课的只占 5‰"①,实际情况是:文章写不出新意;不知该写什么;知道该写什么,却不知该怎么表达;作文语言不够生动;内

---

① 《学生作文现状调查与评析》,载《福建教育》2006 年第 2 期。

容上只重应试升学,不重修身做人;亲情冷漠,激情偏执;缺乏理性,跟着感觉走。

## 二、思维定式,套用八股

青少年具有向师性和向群性的心理特征,这种心理特征形成了学生在平时学习中的思维常规定式。惯用的思维定式是指在学习和生活中,在长期的思考实践中,由于经验和阅历所致,每个人都形成了自己所惯用的、格式化的思维模型,平时思考问题,这种模型就会自然浮现出来,帮助我们思考,这就是习惯思维定式。一个人的生活经历和参与到他个人生活中的民族传统、时代精神(包括阶级观念)等,一起铸就了他潜在的心理结构,铸就了他的感知方式、感受方式;同时也形成了他的思维观念。一般说来,一个人对事物的反应,常常会受到以前经验、观点、动机、需要等方面的影响。以往这些固有的思维方式、思维观念,有的就会形成一种定式。这种定式是一种经验性的模式,常常体现出一种不由自主,也不需要自主的经验性的自动趋势。一是不敢突破固有的传统观念,唯老师马首是瞻。二是从众心理。比如在考试时,自己的答案跟别人不同,总认为自己错了。这种思维定式严重束缚了学生的思维活动,久而久之会使学生的思维活力丧失殆尽。针对这种可怕的思维弊端,我们必须想方设法打破这种思维僵局,积极引导学生以两点论为武器,大胆进行逆向思维,以挑战的眼光去审视固有的"陈设",用创新的利剑去开辟崭新的领域。

贝弗里奇在《科学研究的艺术》一书中深刻而中肯地论述道:"几乎在所有的问题上,人脑都有根据自己的经验、知识和偏见,而不是根据面前的佐证去作判断的强烈倾向。因此,人们是根据当时的看法来判断新设想。"①造成上述障碍的很重要的因素,就是我们头脑中存在着"常规思维",即心理学上的"定式心理"。它们会在很大程度上影响我们对问题的思考。因为,我们在连续思考了一些问题后,再思考后面的问题,就会受到先前思路的影响。

在思维过程中,上述模型具有双重作用:一方面它可以帮助我们

---

① ［美］W. I. B. 贝弗里奇著,陈捷译:《科学研究的艺术》,科学出版社1979年版,前言部分 。

驾轻就熟地解决某些现成问题,认识某些相似的事物,等等。另一方面,它也可能作为一种桎梏,妨碍我们进行创造性的思维。贝尔纳说:"妨碍人们学习的最大障碍,并不是未知的东西,而是已知的东西。"写作的习惯思维有好的一面,比如形成个人风格,定式起着相当重要的作用。然而习惯发展到习惯定式,则往往表现得缺乏新意,思维陈旧,语言陈腐,甚至成为写作的一种桎梏,妨碍写作中创造性思维的发挥。写作思维中的习惯定式主要表现为以下几种:

(1)先入为主的认识。有的同学拿到一个作文题目,或接触到一个事物后,往往习惯于凭经验就对它进行定型,进行构思,而不是去仔细研究思考,导致写出来的文章缺乏新意。

(2)从众心理的反映。有的同学在写作思维中往往自觉不自觉地遵循日常生活中大多数人的观点,人云亦云,不敢打破这种常规认识。如理解"得意忘形",由于在日常生活中大家通常都认为这是个贬义词,因此他也就认为是个贬义词,不去换一个角度思索:"得意忘形"原本指得到真意,忘掉了表象和形式,是褒义词。又如"想入非非",一般认为是贬义词,但在具体的语境中还可"贬义褒用"。

(3)空话、套话的泛滥。有的同学写作文空话、套话连篇,描写人物往往是"大大的眼睛"、"圆圆的脸"之类,描写月亮往往是"像玉盘"、"像梳子",等等,缺乏新意,这也是习惯思维的具体表现。

## 三、人云亦云,拾人牙慧

众所周知,写作就是要打破常规思维,选取新的切入点,写出"亏他想得出来"的文章,写出"见人所未见,发人所未发"的文章,写出"人人心中皆有,人人笔下皆无"的主题来。不要落入俗套,与人雷同。

长期以来,由于考试的原因,应试作文一直在制约着我们很大一部分学生,"由于考试指挥棒,尤其是所谓标准化试题的导向作用,导致语文教学存在着诸多令人忧虑、不满乃至严词责难的问题"[①]。写作求稳,套话连篇,导致思维品质不高,水准上不去,不敢于发表自己的见解,特别是与众不同的意见,不敢想人之所未想,发人之所未发;

---

① 柳斌:《问题与对策——中小学语文教育改革》,人民教育出版社 2000年版,第 7 页。

培养的是假人,做出的是假态,写出的是假文,作文失缺了个性,是中学生作文的一大通病。很多人作文总是步人后尘,别人怎么认识,他也怎么认识,没有自己的见解;别人怎么写,他也怎么写,没有自己的创意。千人一面,众口一词,一个模式,一个套路,大家好像被一个遥控器控制着,进行思维和表达的复制,没有了创新,没有了求异,因而缺失了创作个性。

## 四、构思受阻,推想局限

学生在写不出作文的时候,经常会说这样一句话:我还没有构思好。"构思"是怎样的一个概念呢?查找一下众多的解释,似乎各不相同。其实如果我们把写作文看成是一种表达的话,构思就是对表达内容、表现手法、语言、情节等一系列问题的集中思考。这是一种复杂的、艰辛的、严肃的精神活动,是对作者人格、修养、功力的考验。由于事物间的联系是深邃而微妙的,作者要善于由表及里,从纷繁错综的联系里,发现其独特而奥妙的联系点,才能够从"引心"到"会心",由"迎意"到"立意"。

有个女同学丧父后非常痛苦,她很想写点文字来纪念她的父亲。可是怎么写呢?尽管她对父亲生前很了解,对父亲很有感情,做文章的必备要素完全具备了,可她就是写不出像样的文字来。她的写作思维还处于一种"模糊"的境界,离清晰而有条理的表达还有着一段距离。苏联作家法捷耶夫把创作过程分为三个时期:(1)积累素材期;(2)构思期;(3)写作期。他认为这三个时期中,最困难的是构思期,因为这是写作思维由"模糊"趋向于"清晰"的关键。构思期困惑着作家,作为一个思维能力和表达能力远远低于作家的学生更是受着构思的困惑。因此,这位女同学写不出像样的文字也就不足为奇了。我们不难发现这样的事实:尽管给材料作文为学生提供了材料,命题作文又结合他们的生活实际,但他们仍然觉得无话可说,仍然写不出好作文来,其原因也在于此。而如何促使学生的写作思维趋向于"条理化"、"清晰化",我们对此研究得还很不够。

在通常情况下,人们的许多思维过程与结果,是不需要用清晰条理的语言表达出来的,只要达到"意会"的程度就行了。比如打篮球,如何带球过人,如何投篮,其中也不乏愉快的精神享受。凡是喜欢打篮球的人都能"意会"到,人们称这种"意会"为模糊思维。其实,达到了"意会"这个境界,对于客观事物也就基本上达到了认知的程度,而且,人们对周围世界所采取的许多行动,正是在"意会"了的情况下进行的,同样可以取得较满意的效果。但是,写作思维则要求达到"言传"的程度——需要将这种过程与感受用文字有条理地清晰地表达出来。如果说"意会"只是一种较为模糊、紊乱的思维境界的话,那么"言传"就是一种完全清晰、有条理和真实的境界了,而且,写作思维的"言传"相比一般情况下的"言传",其过程与结果应该更清晰、更有条理、更充分、更有逻辑性。

认识和揭示这样复杂的对象对于成熟完善的思维机能来说尚且不是件容易的事,而对于不成熟或刚刚成熟的思维机能来说,其艰难程度就更大了。司空见惯的生活,熟悉了解的人物,但要去写时,却感到无啥可写,正因为如此,学生对于社会、家庭、学校中的一些现象和事物,虽然熟悉,却难以洞悉其本质特点,更不知如何将复杂的对象条理化,因而总是令人遗憾地舍弃那些有价值的材料,而经验性地胡编乱造,甚至用一些旧的套路去写一些写烂了的老题材。

总之,学生的记叙文常见形象干瘪、内容抽象的毛病,议论文则常见以叙代议、就事论事、缺乏逻辑的毛病,我们往往把原因归结在诸如词汇贫乏、表达不准确、层次不清晰等方面,事实上形成学生作文中这些毛病的最根本原因,是他们作文思维的混沌不清,他们思维的角度、取向、深化都存在着问题,如用抽象的概括性思维把握记叙文中的描述对象,又用具体的形象思维去考虑议论文的论证与阐述。思维方法不对头,弊病就不可避免,如果我们仅在文字表达、谋篇布局上下工夫、花力气,那么,我们的作文教学的效果就只能保持在最低水平。消除学生作文弊病的最根本方法是教给他们正确的作文思维形式,培养和训练他们的作文思维能力。

# 1.3 语文学科与思维

语文教学必须相应地发展思维,这是所有语文领域的专家和一线普通老师的共识。但在实际思考和操作中,掌握了话语权的专家们脱离了语文实际教学空谈改革,对语文(含作文)的现状横加指责,甚至用"误尽苍生"概括语文的弊病。实际情况呢?几位人所共知的专家、学者、特级教师所上的示范课并不被一线普通老师欣赏,也不受学生的欢迎。而普通老师整天忙于事务性的上课、批改作业、应付上级检查;重视了分数,重视了领导的表扬,重视应付上级的评价;忽视了自己进修,忽视了教学理论的学习,忽视了教学的反思,忽视了学生这一活生生"人"的因素。

教学既是科学,又是艺术,但更为关键的是人思想的解放。这个"人"既是教育者,也包括受教育者。笔者认为,思想的解放是一切行为艺术,是一切改革的基础和前提。从认识论的观点看,老师和学生作为活生生的人,他们的智力水平、道德情感、思想认识又是千差万别的,但突破思维受阻,使思维畅通则是所有人不懈的追求。

## 一、忽视观察的引导

"生活是滋养情感的土壤,情感是酝酿佳作的底料,写作是根植于生活土壤的果实。"这话无疑道出了写作的真谛,如果切断作文与丰富多彩的生活之源的联系,只按照"命题——指导——作文"这一传统程式去训练,学生难免才思枯竭,恐怕只有抓耳挠腮、眉头紧锁的份,即使冥思苦想,最终也只能东拉西扯,胡乱交账。"问渠哪得清如许,为有源头活水来。""做好""开沟挖渠"的工作,引导学生走出课堂,融入生活,关注社会,体验人生,用生活的清泉滋润学生心田,让他们的情绪在生活的浪花中涌动,思维在生活的浪尖锤炼,这样,才能写出感受独特、个性鲜明的文章。

长期以来,我们只看到学生写作内容空洞的表象,而没有看到学生写作内容空洞的实质,总是错误地把产生这一现象的原因归纳为学生缺乏生活的体验,于是提出了写作教学的根本出路在于引导学生观察生活、积累生活素材。这种提法由来已久,时至今日,不少教师在文章中也渗透了这种观点,可是实际效果如何呢?我们并没有走出写作教学的困境,相反地,在一些基本问题上我们却疑惑起来了,难道这种提法就不值得人怀疑吗?有的老师也知道观察的重要性,并有意带领学生观察各类事物。有位教师带领学生游览了长城,回校后老师出了《长城观感》的作文题让学生写作,当场不少学生左右为难。有个学生只写了"万里长城长又长"这句话后就搁下笔来了,不知如何接下去。经老师启发,他又提笔写了第二句"万里长城长又长",就抬头看屋顶了。老师看到他这样为难,再从旁提示,于是这位学生硬着头皮写了第三句"万里长城他妈的长",就低头伏在作文本上了。这事也许过于夸张,但反映的观察之后仍然写不出作文的现象却是真实可信的。对于这些为数不少的同学,让他们作更多的观察,恐怕也是无济于事的。教师对于观察的引导却是一片空白。观察的顺序、观察的重点、观察的悟点、观察的时机……都未能真正地抓住。

当前写作教学的现状:大约有50%的老师不知道如何指导学生写作,写作的指导、讲评课成了优作朗诵课;一般情况下的作文教学,往往侧重于字句的修改推敲、段落层次的调整完善、篇章形式的指点修正等,自觉或不自觉地忽略了学生作文思维能力的培养和训练。至于如何选材、立意、表达一任学生自己摸索,作文的现状可以用"少、慢、差、费"概括。

## 二、忽视写作对象复杂性的研究

"中国文化最大的偏失,就在个人永不被发现这一点上。一个人简直没有站在自己立场说话的机会,多少感情要求被压抑,被抹杀。"①写作思维的对象是人以及那些直接与人发生着关系的现象和事物。在社会与自然构成的这张有着千丝万缕的联系的庞大的网络中,把一个人作为思维对象简直可以说是一门高深莫测的学问。摆在学生面前的一个难题是,思维主体无论如何不能够让思维对象的多维性与多变性尽符合于他的研究与探讨。

另一部分作文想"有所作为"的教师,主要表现为思想的封闭与思维的封闭。思想的封闭又主要表现为对学生的作文作社会化的要求,与社会文字宣传品同等看待。教师的指导首先强调的是作文要有意义,思想要健康。在这样的指导下,培养的是假人,做出的是假态,写出的是假文。思维的封闭则源于思想的封闭,强调求同、求稳,不作"出格"之举,见大家之共见,想大家之所想,总不会出大错。没有了创新,没有了求异,于是消逝了笔墨的自由,消逝了作文的五彩缤纷。教师应如何引导?张志公在《谈作文教学中的几个问题》中

---

① 梁漱溟:《中国文化要义》,学林出版社1987年版,第259页。

说:"作文这件事情上,教师万万不能做'难服侍的婆婆',也不能老做'医生'";而是要做一个"不光注意到剪荑除草,更注意到按时施肥浇水,帮助幼苗迅速地发育成长"的"园丁"①。

### 三、忽视思维过程的抽象性的研究

写作思维过程的抽象性,恐怕是形成学生作文难的最大的拦路虎了,然而面对这个问题,我们却显得无能为力。在教学中,不少教师是非常相信写作技法的,作文指导课上大谈写作技法:如何选材、如何开头、如何结尾、如何安排文章的结构等,归类分析,很是细致。他们把这种技法看成是一成不变的公式,是解决写作思维过程的抽象性的唯一方法,可效果如何呢?可以说毫无用处。正因为如此,鲁迅就不相信"小说作法"之类的说法,他说如果我们一味地相信"法","是很容易陷入徒然玩弄技巧的深坑里去的"。冯亦代也说,一味相信"法","把原来可以造就的人推入深渊"。②因此,靠教师的写作技法的讲解,是绝对解决不了写作思维过程的抽象性的问题的。一篇文章由形象要素和思想要素两部分组成,但两者的组合却是千变万化的。文章的形式要适合文章的内容,用怎样的语言来表达,这可是个变幻莫测的魔方,这绝不是几个简单的程式可以说明的。

长期以来,语文教学只重视语言训练和思想教育而忽视思维的培养和训练,其根本原因就在于我们只看到了语文科工具性和思想性这一表层的特征,而没有认识到它的思维性这一更深层的本质。就拿写作来说,精美的文章就是精密的活泼的头脑的产物。文章语言的丰富多彩,往往就是思想丰富多彩的反映。思想僵化、粗枝大叶的人,很难写得出生动活泼、严密周到的文章来,所以语文训练应从训练思维入手,这样才可能达到事半功倍的效果。

---

① 庄文中编:《张志公语文教育论集》,人民教育出版社 1987 年版,第 326 页。

② 《龙套琐语》,载《读书》1987 年第 7 期。

# 1.4 北师大学习

2007 年,厦门市教育局领导高瞻远瞩,率先提出培养名师的工程,力争使教师由传统的经验型、教书匠型向专家型、学者型、创新型转变,由"经验操作型"向"教育专家型"转化。厦门双十中学领导更是具有魄力和前瞻性,率先行动,从全校教师中选拔十位有一定教学经验的教师送到北京师范大学教育系学习,为期三年,学校为这些教师教学研究提供舞台。我有幸成为这十位中的一员,亲聆大师的教诲,在朱旭东教授的指导下,系统学习了教育教学理论,原本模糊的观念得以清晰,原本思考的论题得以论证。我们深知,社会的发展需要解放思想,教育的发展同样需要解放思想。思想是名师之魂,我们需要思想,我们呼唤思想。思想从哪里来?思想不是从天下掉下来的,思想不是凭空想出来的。你要有思想吗?你必须学习,你必须实践,你必须反思。你必须用思想去解释你的实践,你必须用思想去指导你的实践,用思想之链去链接你的实践,用思想之链去统率你的理论思维。在这过程中,还要深刻反省和剖析自己,使自己不断发展,不断提高。今后,一切教育教学实践,都要以理论为指导;实践将成为自己思考的诠释和指南,一切教育教学实践都要体现出教育理论的光芒!

教师都是从事学科教学的,都是从学科入手来理解教育的。但是,一个教师要想站在制高点上看教育,看高中这一基础教育,必须跳出学科教学来看教育,必须把学科放在教育中来看学科。也就是说,教师们必须明确,先有教育后有学科,学科是为教育服务的。我们有着多年一线教学的经验,若有了强大的理论作为行动的指南,再反思我们教学的现状,就能够拨开云雾,击中肯綮。我们每位想成为名师的老师,看教育,谈问题,既要立足于学科,又不能局限于学科,必须善于走出学科看教育。一方面,要从整个教育来理解和把握学科教学的地位、功能和价值;另一方面,要从具体学科入手来探索教育教学的规律。总之,你想成为名师,仅有对学科的发言权是远远不够的,你必须掌握自己对教育的发言权。

高中作文教学研究,是我长期思考并想有所突破的话题,在北师大学习期间,得以系统学习教育教学理论,用思想之链去链接实践,用理论去指导实践,用实践为理论作生动诠释。实际上,在这三年里,我也在不断反思、探索如何收获自己教育事业的春天,寻觅一条如何才能使学生学好语文(作文)之路,在平时的教学中,用学过的理论去指导一切教育教学实践,在实践中,对本课题有了长足的思考。

## 1.5  问题提出

语文课程对学生智力的影响早已引起过人们的注意。1986 年修订的《中学语文教学大纲》将"智力"列入"教学目的",提出了"加强基础,培养能力,开发智力"的教育指导思想,把语文与智力的关系一直保留到新课标的出台。很多语文教育家对此也有深刻的阐释,叶圣陶老先生早在 1941 年就指出:"我无论担任哪一门功课,自然要认清那门功课的目标,如国文课在于训练思维,养成语言文字的好习惯。"1961 年他又指出:"各门功课都和思维的训练有关,特别是语文课是着重训练思维的。"1984 年他再次强调:"多年来我一直认为,语文课的主要任务是训练思维,训练语言。"当代语文教育家于漪老师也曾在 1994 年明确指出过:"语文教学应以语言和思维训练为核心",在语文教学中"思维训练和语言训练应放在同等重要的位置"。[①] 思维是智力的核心,强调思维,就是关注智力。语文课程对学生智力的开发和推进过程是独特的,是其他学科不能取代的。《语文课程标准》多次提及和强调"思维"的事实,说明了语文课程的性质是可以向这个方面进一步拓展的。

从上大学起,我经历了社会复苏、教育复苏、语文复苏发展的 80 年代,在此期间,各种教改实验、教学流派蓬勃发展,出现了人民教育

---

① 卫灿金:《语文教育家思维教育思想与研究》,中国书籍出版社 2004 年版,自序。

出版社和中央教科所的"阅读"、"写作"分科教材的教学实验(我校作为试点单位,我也教过一届),北京景山学校的"以写作为中心"的教改实验,上海育才中学的"读读、讲讲、议议、练练"的八字教学法,陆继椿老师的"分类集中分阶段进行语言训练"的实验,张孝纯老师的"大语文教育"改革理论及实验,钱梦龙老师的"三主四式"导读法,于漪老师的"以情感为中心、追求综合效应"的教学实践,魏书生老师"课堂教学六步法",高原老师的"作文三级训练体系",宁鸿彬老师"'八字四性'的教学模式训练和发展学生的创造性思维",等等,这些教改实验及教学理论,都为语文教学的改革积累了有益的经验,取得了显著的实绩。

在高考指挥棒的误导下,人们为了追求所谓的"知识体系"、"训练体系"、"检测体系",使语文的学习和运用转向于外部形式规律的探求,由于高考竞争的日趋激烈,使这种所谓的"科学化"变本加厉,达到了登峰造极的地步,终于事与愿违地将语文教学推上一条尴尬之路。语文教学经历了沉寂反思的90年代。

人们在探索、反思,语文教学,路在何方? 1997年末,《北京文学》刊发王丽的文章,终于引发了一场世纪大讨论,从事语文教学的任一位语文教师,都会自觉或不自觉地受之影响。我觉得,作文难写的原因比较复杂,它与学生的知识经验、阅读积累、作文思维能力、练笔次数等息息相关。在解决学生作文困难方面,教师有责任发挥更积极的作用。一方面,要加强作文教学的针对性,调查研究不同层次学生的不同困难,因材施教,分层提高;另一方面,要提高作文教学的有效性,改进"少、慢、差、费"的现状,重视作文思维训练,对审题、立意、选材、表达进行专项训练等。作文教学中激发学生的思维意识,培养学生的思维能力则是不容置疑的。语文学科,尤其是作文,几乎涵盖了人类思维的所有形态:形象思维和抽象思维、再现思维和创造思维、发散思维和辐合思维、分析思维和直觉思维。语文学科思维形态的广泛性,决定了学生思维发展的多样性和复杂性。心理发展水平的核心是思维发展水平。我们在后面章节中将重点论述。

# 中学写作思维教学研究的基本问题

## 2.1 写作的基本概念

《现代汉语词典》对"写作"的界定是"写文章(有时专指文学创作)"①。"写作,是写作者为实现写作功能而运用思维操作技术和书面语言符号,对表达内容进行语境展开的修辞性精神创造行为。"②"写作,不论何种文学形式,总有情调、气质的一般选择,而作家正是在此明确地表现出个性,是作家对其个人的形式在社会上的利用和他所作选择的思考。写作由于处于文学问题的中心(有写作才会有文学问题),因此,它基本上是形式的道德论,它是作家对于他决定把其言语活动的本性置于其中的社会空间所作的选择。"③台湾作家白先勇说:"我写作,是因为我愿把内心深处无声的痛苦用文字表达出

---

① 《现代汉语词典》,商务印书馆 1978 年版,第 1264 页。
② 马正平主编:《高等写作学引论》,中国人民大学出版社 2002 年版。
③ [法]罗兰·巴特,怀宇译:《罗兰·巴特随笔选》,百花文艺出版社 2005年版,第 3～10 页。

来。""所谓写作,乃是对自我与外部世界的关系的重新审视与确认,是对天上与地上的世界秩序的重新规划与建立。"①在关于写作问题的讨论中,萨特在《什么是文学》中首先论述了诗和散文的区别,进而引出了作家的责任以及他著名的"介入"文学的理论。萨特以他的存在主义哲学思想为前提,通过阐述什么是写作、为什么写作、为谁写作和作家的处境四个部分,全面系统地表述了他对文学本质的理论。王小波认为"写作不是无病呻吟,而是一种自然的生产行为。"②金振邦"把登山和写作相提并论",认为"写作主要是指人类运用文化上的最重要的符号——文字,用笔记录、交流、传递信息的一种语言活动。传统的写作,主要指用笔包括刻刀、毛笔、铅笔、钢笔、圆珠笔等,在传统的界面上如竹、丝、帛、纸等,记录、交流和传递信息,它是传统文化发展、延续的重要方式"。③"写作是一种精神创造行为,是一种展开性行为,写作的展开首先是一种思想、思维、思路的展开。"④

　　以上是名家对于写作这一概念的阐述,我个人则认为,写作就是通过语言表达你自己的思想。我们通过写在书面上或者电子文稿上的文字来表达各自的情感、信息就是写作。在文明社会里,写作是一种基本技能,这里的写作,指文学创作。学生的写作不是生活的点缀,而是社会生活交往的工具,这里面有两个要素:语言和思想。人的思想是思维的结果,人们把思维活动的结果用语言记录下来,巩固起来,借以交流思想。写作的本质是信息的传达,即运用一定的素材和自己的语言方式有序地传达对某一对象的相关思想或情感。其中,思想或情感是信息"核心",素材是信息"载体",语言是信息"通道",语言是心灵的"门户",是直接表现人物的重要手段之一,通过语言描写来表现、塑造人物,突出中心思想,具体地讲,就是要通过直接描写人物说的话——独白或对话,来展开故事情节,表现人物的性格特点、心理活动、思想感情及道德品质等。总之,语言是人类社会作为思维工具和交际工具来使用的一种意义结合的复合系统,是作者

---

① 摩罗著,贺雄飞主编:"草原部落"黑马文丛,《耻辱者手记》。

② 王小波:《时代三部曲》总序《我什么要写作》。

③ 《应用写作》2001年第1期。

④ 汪圣安主编:《思维心理学》,华东师范大学出版社1992年版,第286～289页。

用来表现思想感情的材料和工具。写自己想说的话,写出自己对周围事物的认识和感想,表达自己对人类社会、自然、人生的独特感受和真切体验。

## 一、现代写作的理论研究

现代写作思维理论写作本质论认为,写作是学生练习把自己看到的、听到的、想到的的内容或亲自经历的事情,用恰当的语言文字表达出来的过程,写作是学生认识水平和语言表达能力的综合体现。朱自清主张:"初学写作,似乎该从广义的散文下手。先把话写清楚了,写通顺了,再注重表情,注重文艺性的发展。这样基础稳固些,否则容易浮华,不切实。"①朱自清主张作文教学从广义的散文入手,这主要是训练学生"文脉",也就是说,具体的训练要从小范围着手,从切近的熟悉的小题目下手。可见,朱自清对于写作教学,最关注的是学生基本能力的培养,这基本能力,一个是文字,一个是思维。此二者是作文的根本,有了这两种能力才有发展的可能。

朱光潜认为写作的问题主要是思想(思维)而不是技巧。因为,一件作品如果有毛病,无论是在命意布局还是遣词造句,仔细思量,认真穷究,病原都在于思想。思想不清楚的人写的文章绝不会清楚。朱光潜提出:"练习写作第一件要事就是克服这种心理的懒惰,随时彻底认真,一字不苟,肯朝深处想,肯向难处做。如果他养成了这种谨严的思想习惯,始终不懈,他绝不会做不出好的文章。"②因此他的"苦思"理论盛名一时。

朱光潜认为不仅思想容易流于俗滥,语言也是如此。在朱光潜看来,"寻思"与"寻言"不是两回事,而是一回事,"寻思"习惯于模仿,"寻言"必然俗滥:美人都是"柳腰桃面""王嫱西施",才子都是"学富五车,才高八斗",谈风景必是"春花秋月",叙离别不外"柳岸灞桥",做买卖都有"端木遗风"。这就是近代文艺心理学家所说的"套版反

---

① 朱自清:《答〈文艺知识〉编者问》,见《朱自清论语文教育》,河南教育出版社 1985 年版,第 171 页。

② 朱光潜:《作文与运思》,见《朱光潜美学文集》(第 2 卷),上海文艺出版社 1982 年版,第 288 页。

应"(stock response)①。所以他认为"无论阅读或写作,我们必须有一字不肯放松的谨严。文学藉文字表现思想情感,文字上面有含糊,就显得思想还没有透彻,情感还没有凝练。咬文嚼字,在表面上像只是斟酌文字的分量,在实际上就是调整思想和情感。"②由此可见,写作教学一方面须模仿,须讲求法度、依据;另一方面,则要求创造、突破、推陈出新。

叶圣陶是我国杰出的语文教育家,他的语文教育思想博大精深,他的写作教育思想,在我国当代写作教育中,始终占主导地位,他对中国语文作文教学的引导功高北斗。他的写作主体论是"求诚",他在《论写作教学》中曾说:"写作所以同衣食一样,成为生活上不可缺少的一个项目,原在表白内心,与他人相沟通。如果将无作有,强不知以为知,徒然说一番花言巧语,实际上却没有表白内心的什么……训练学生写作,必须注重于倾吐他们的积蓄,无非要他们生活上终生受用的意思。"③叶老的意思是写作必须为学生创造条件,让他们有话可说,不能弄虚作假,与生活脱离关系。他极力反对为了应试而脱离学生生活实际的写作训练,认为写作是人的一种生活能力,须要应生活之需,符合生活之用。他说:"练习作文是为了一辈子学习的需要,工作的需要,生活的需要。"④

叶圣陶先生曾经说过学生须"自能读书,不待老师讲;自能作文,不待老师改。老师之训练必做到这两点,乃为教学之成功","要文章写得像个样儿,应该在拿起笔之前多做准备工夫。准备工夫不仅是写作方面的纯技术的准备,急躁是不成的,秘诀是没有的。实际生活充实了,种种习惯养成了,写文章就会像活水那样自然地流淌了。"⑤

在传统写作观的基础上,叶圣陶进一步强调了阅读对写作的作用,他对"阅读是写作的基础"这一看法,给了语文教学和写作教学以

① 朱光潜:《咬文嚼字》,见《朱光潜美学文集》(第2卷),第299~300页。

② 朱光潜:《咬文嚼字》,见《朱光潜美学文集》(第2卷),第298页。

③ 叶圣陶:《论写作教学》,见《叶圣陶语文教育论集》,教育科学出版社1980年版,第436页。

④ 叶圣陶:《中学作文指导实例·序》,见《叶圣陶语文教育论集》,河南教育出版社1986年版,第207页。

⑤ 叶圣陶:《怎样写作》,见《叶圣陶语文教育论集》,第410页。

巨大的影响。他说:"实际上写作基于阅读。老师教得好,学生读得好,才写得好。"①意即通过阅读教学来带动或促进写作教学。读可以使人开阔视野,写可以使思维得到梳理。

伟大的人民教育家陶行知先生的生活教育理论认为:没有生活做中心的教育是死教育,没有生活做中心的学校是死学校,没有生活做中心的书本是死书本。《语文课程标准》指出:"写作教学应贴近学生实际,让学生易于动笔,乐于表达,应引导学生仔细观察生活周围的事物。"两者都认为生活是写作的源头活水。陶行知先生说:"要唤起学生的兴味,学生有了兴味就肯用全副精神去做事体,所以学和乐是不可分离的。"有了生活做基础,学生就不会因为没有事情可写而对着习作题发愁,不会一到习作就觉得无米下锅。有了生活做基础,学生也就能够写出富有生活气息、情真意切、内容充实的习作了。

朱自清认为写作应从广义的散文入手,"先把话写清楚了,写通顺了,再注重表情,注重时代的发展。这样基础稳固些"②。朱自清要求青少年首先要过好文字关,"不放松文字,注意到每一个词句……现在写作的青年似乎不大在乎文字。无论他们理由怎么好听,吃亏的恐怕还是他们自己"③。

朱自清还重视实用文体的写作,认为他们有广泛的运用前景,其写作价值不在文艺作品之下。

众多的学者,为作文教学拟出实用而不乏精见的写作框架,黎锦熙、孟宪承、张资平、夏丏尊、高语罕、胡适、茅盾、鲁迅都有专门的著作或精辟的理论,因篇幅限制我就不一一赘述。

## 二、中学写作特点

写作,就是写和作,包含两个概念。写,就是书面语言的实际应用;作,就是创作,更多地包含艺术的成分。一张请假条、一份工作计划或工作总结、一张留言条等,往往是写出来而非"作"出来的;一支曲子、一幅画、一尊雕塑,是"作"出来,而绝对不是"写"出来的。本人

① 叶圣陶:《阅读是写作的基础》,见《叶圣陶语文教育论集》,第149页。
② 朱自清:《答〈文艺知识〉编者问》,见《朱自清论语文教育》,第171页。
③ 朱自清:《写作杂谈》,见《朱自清全集》(第2卷),江苏教育出版社1988年版,第108页。

认为,写作就应当是个人精神的自由翱翔,是灵性和理性的完美结合。有了思想的厚度,才有思维的不拘一格;有了情操的高尚,才有立意的高远、大气。写作应该是真情的一种自然流露,是情感达到一定程度的喷发,所以它富含真情,并因此而感人,感动自己也感动别人。具体写作文,更是离不开思维。

基础教育应立足于为学生的终身发展打基础。一个班50多人中,长大成为作家的肯定是少数,可能是一个也没有。我们的教学要为长大后可能成为政治家、企业家、工人、教师、作家、演员等形形色色的人的学生培养其以后工作和生活所必需的基本的"写"的能力,同时使他们具有一点"作"的基本知识和基本能力。写作能力从哪里获得?是以读带写、以写促读,还是读写并重?对此,人们争论了半个多世纪,叶圣陶先生"阅读是写作的基础"在新世纪,遭到不少人的非议和质疑,闽派语文领军人物福建师范大学潘新和教授曾认为,因为"'阅读是写作的基础'这一观念,造成了语文教育实际上的重读轻写的现状,造成了语文教育的'偏瘫',造成了阅读教学的虚假繁荣和写作教学的困顿萎靡"[①]。潘新和教授提出了以写带读的新观点,作为潘新和教授的学生,我不敢完全苟同潘教授的观点,诚然,以写带读会提高写作的兴趣,但是,阅读本身的体例和由浅至深、循序渐进的读书方法被打破了,少了一定阅读量的积累。

"阅读是吸收,写作是倾吐"已成为语文界教育同仁的共识,要倾吐,当然要有一定量的蓄积,有一定量的蓄积和一定质的蓄积,才有可能有一定量和一定质的倾吐,写作的倾吐是以吸收和蓄积为基础的,没有必要的吸收和蓄积,就不可能作畅快的倾吐。试想,如果学生写作文,头脑空空,既没有感性的生活经验,也没有理性的知识材料,凭借什么来思维呢?我认为问题的关键是要找到读与写的契合点,在这一契合点上,进行写作思维的训练,才能达到事半功倍的效果。但也有人认为,同样一个班级的学生,是同一个老师教出来的,写作水平高下差异太大了。的确,但同时我们也应该看到,写作水平的差别,更多的是学生阅读蓄积的差别,是学生理解能力的差别,是学生思想高下的差别,是学生言语表达的差别。但同时也应该看到,

---

① 潘新和:《中国现代写作教育史》,福建人民出版社1997年版,第512页。

在阅读基础上,进行作文的思维训练,同一学生前后作文水平是判若云泥。

写作的思维训练训练什么呢?一言以蔽之,思想。就是指对现实有真见,对人世有透视,对历史有深知,对宇宙有参悟。在写作中,逐步加深认识,会聚点点体验,使思想层层积淀,凝结成一种对社会、对人生独一无二的个体认识。能想(思维)清楚,才能写清楚。如果思维品质良好,思维能力较强,认识事物全面深刻,能敏捷抓住现实生活"闪光点",文章立意就高,且具有时代气息。写记叙文,想象就丰富,叙述事件手法多样,塑造人物丰满,有较强的感染力。写议论文或说明文,文章思路开阔,能从多角度、多侧面、多层次阐明道理,说明事物,文章就会有分析,有比较,有归纳,有总结,因而思路清晰,层次清楚,结构严谨,逻辑性强,具有较强的说服力。

"青少年的生活如同一张白纸,思想也简单,没多少东西可写。"事实上,中学生,十二三到十七八岁的孩子已经阅历很多,懂得很多。大至世界和社会,小至学校和家庭,其中发生的许多事情,都会叩击他们的心弦,引起他们的关注和兴奋。他们有强烈的求知欲和辨别是非的要求;他们有他们的喜怒哀乐、爱好、追求和理想;他们有一个时而变幻色彩、时而涌起波澜的、天真烂漫的生活领域,每个人都有生活和自己的经历。"春夏秋冬,走过四季都是诗;天地之间,人生百味皆成文。"客观世界的万事万物,人生的酸甜苦辣都可以入文。为什么不是每个人都能从生活中发掘到一些什么呢?

表达和交流不仅是社会生活的需要,而且是个体得以确认和发展的需要,写作教学既要还学生一个心灵的自由,笔墨的自由,让学生在一个宽松愉悦的环境下,学写真文,学做真人。同时,写作的思维训练要通过写作过程得以完成,写作指导与写作实践,均体现了写作的"过程"化,教师在安排学生写作实践时,都从写作前、写作中、修改和提升阶段分别给以详细指导,并根据各个阶段写作实践的侧重点,讲解拓展思路、展开主题,重在思想生成、思维扩张、言语表达、铸就精神。

从中学生写作要求看,必须掌握以下四种文体:记叙文、议论文、说明文和应用文。

# 2.2 思维的基本概念

## 一、思维的界定

所谓思维,是大脑对未知事物的复杂思考行为过程,就是指理性认识,即思想;或指理性认识的过程,即思考过程,是人脑对客观事物间接的和概括的反映。包括逻辑思维和形象思维,通常指逻辑思维。它是在社会实践的基础上进行的。思维是高级的心理活动形式,人脑对信息的处理包括分析、抽象、综合、概括、对比等系统的和具体的过程。这些是思维最基本的过程。一般说来,感知活动是思维的基础,人们只有在大量感知及记忆的基础上,才能进行思维。思维是更高级的认知过程。

思维与语言联系在一起不可分割。雅各布森(1939)的实验:将电极置于被试口中,将其舌根和喉部肌肉的收缩和扩张在仪器上显示出来。结果是被试一开始思考,仪表指针摆动量增大持否定意见者认为,聋哑人虽然不会语言,但有正常人的思维;高级动物有低级的思维;儿童没有掌握语言之前,也有初级的思维。人类的高级思维是与语言紧密联系在一起不可分割的,一般地说,思维是语言过程的内容和核心,而语言是思维的物质外壳,是思维的载体。聋哑人的思维是建立在手势语的基础上的。从辩证观点来看,人类没有掌握语言之前的初级思维是可以脱离语言而存在,人类一旦掌握了语言,思维就随着发生飞跃,成为高级思维,"思维的工具是语言,人借助于语言把丰富的感性材料加以分析和综合,由此及彼,由表及里,去粗取精,去伪存真,从而揭露不能直接感知到的事物的本质和规律。思维是反映客观现实的能动过程,它既能动地反映客观世界,又能动地反作用于客观世界"①。

这一概念包含着这几方面的内容:(1)思维是人的认识活动,亦

① 《辞海·教育心理分册》,上海辞书出版社 1980 年版,第 114 页。

即人们对客观事物间接、概括的反映;(2)在思维过程中,人们以存储于记忆中的信息为基础,运用分析综合、抽象概括等智力操作对感知到的信息进行加工,从而反映出事物的本质和内部联系;(3)思维必须借助于语言;(4)思维是反映客观现实的能动过程。

《现代汉语词典》对"思维"的界定是:"在表象、概念的基础上进行分析、综合、判断、推理等认识活动的过程。思维是人类特有的一种精神活动,是从社会实践中产生的。"[①]

思维是人的一种心理活动,它是人脑对客观事物的一种概括的、间接的反映。具体地说,思维"是在人的实践活动中,在感性认识、特别是表象的基础上,借助于词汇、语言的工具,以知识经验为中介而实现的"[②]。因此,思维属于人的认识过程,是人的认识过程的高级阶段。

恩格斯从最广泛的意义上指出:思维是宇宙中物质"运动的基本形式"之一,是"地球上的最美的花朵"。思维问题原属于哲学研究的范畴,哲学所研究的思维,后来由于思维涉及物质和精神、宏观和微观、理论和应用等很多不同的方面,因此,又成为多门学科研究的对象。哲学、逻辑学、脑科学、心理学、语言学等不同的学科都在研究思维。恩格斯说过:"全部哲学,特别是近代哲学的重大的基本问题,是思维和存在的关系问题。"[③]

我在本书中所阐述的思维是指学生在写作过程中所进行的思考,包含写作中拟题、选材、立意、构思、语言组织等方面。我们常说:"运筹于帷幄之中,决胜于千里之外。""运筹"其实就是思维的过程,是是否能"决胜"的关键。作文同样如此。作文就是以思维为核心,运用各种能力和技巧的一种综合性智力活动。也可以说,作文是思维的体现结果,思维是作文的一种先前准备。没有活跃、敏捷的思维,各种智能和技巧都不可能得到更好的发挥。因此,培养学生良好的思维品质,提高思维水平,也是发展学生智力、开拓思路、写好作文的关键所在。

---

① 《现代汉语词典》,商务印书馆 1978 年版,第 1075 页。

② 林崇德:《思维发展心理学》,人民教育出版社 1995 年版。

③ 恩格斯:《路德维希·费尔巴哈和德国古典哲学的终结》,见《马克思恩格斯选集》(第 4 卷),人民出版社 1972 年版,第 219 页。

## 二、思维的分类

思维是人脑借助于语言对客观事物的本质及规律的间接的和概括的反映。思维学的研究涉及哲学、逻辑学、心理学、语言学、脑科学、神经生理学等,这些学科从不同侧面,揭示思维的本质与规律,促进了思维学的研究与发展。思维的种类繁多,根据探索的方向的不同,可以分为聚合思维和发散思维。聚合思维是指把问题所提供的各种信息聚合起来得出一个共同的正确答案,如果遇到某个问题只有一个正确答案,思维过程就是要找出这个正确的答案。发散思维是指从一个目标出发,沿着各种不同的途径去思考,以探求多种答案。如果一个问题有多种答案,思考的方向往外发散,寻求各种可能的正确答案。两种思维形式各有其特点:聚合思维利用已有的知识经验或传统方法来解决问题,有方向,有组织,有条理;发散思维无一定的方向和范围,不墨守成规,不囿于传统方法,由已知探索未知,具有更大的主动性和创造性。

1984 年以来钱学森倡导成立和自然科学、社会科学等并列的专门的思维科学,专门把人的思维问题作为研究的对象,对包括抽象(逻辑)思维、形象(直感)思维和灵感(顿悟)思维在内的人类整个有意识的思维活动进行研究。钱学森将思维科学分为基础科学、技术科学和工程技术三个研究层次,并将思维科学的基础科学称为思维学,专门研究有意识思维的规律。思维科学也只研究思维的规律和方法,并不研究思维的内容。

郭沫若从另一角度将思维分为两种类型:第一种为直线型——以一种特殊天才为原点,深益求深,精益求精,向着一个方向渐渐展延,展延到它可以展延到的地方为止,这种思维产生纯粹的哲学家、科学家、文学家和艺术家等;第二种为球型——思维广泛,这种人将其所有的一切天才,同时向四面八方立体地发展开去,如孔子、歌德等。

在前人论述的基础上,依照本书论述的需要,本人认为可以从更大的范围内,为思维分类:

第一,以人的思维能力划分,分为抽象思维、形象思维、灵感思维、直觉思维。抽象思维又叫逻辑思维,就是指脱离开具体形象,动用概念、判断和推理等进行的思维,它是在感性认识所取得的材料的基础上,运用概念、判断和推理等间接、概括、抽象地反映客观事物。形象思维主要运用属性表象进行分解、组合、联想、想象(包括再造想象和创造想象)以及抽象、概念等心理加工方式。直觉思维是指运用关系表象进行直观透视、空间整合、关系模式匹配、瞬间作出判断等心理加工方式。灵感思维是指人们头脑里突然出现新思想的顿悟现象,未经逻辑推理就直接迅速地对事物作出理解和结论的一种思维方式。

第二,根据思维的内容,思维可分为经验思维和理论思维。经验思维以自己的已有经验或形象为内容进行的思维。早晨起床后,看到地面潮湿,树叶上挂着水珠,推想昨晚一定下雨了。这种思维易出现偏差。理论思维是以理性知识为内容进行的思维。如解答问题,数学推理等。

第三,根据思维的过程是否被清晰的意识到,把思维分为分析思维和直觉思维:分析思维主体能明确地意识到思维的过程并按一定的程序进行的思维。如做几何证明题等。直觉思维主体没有明确地意识到自己的思维过程,却对某些问题,直接迅速地作出判断的思维。

第四,根据解决问题时思维的方向性,可分为:发散思维和辐合思维:发散思维对于一个问题从多方面探求答案的思维形式。从问题的多种角度着眼,搜寻各种可能性,充分发挥想象力,它是创造力重要组成部分,是主导成分。辐合思维是根据一定的知识或事实以求某一问题最正确答案的思维方式。

第五,根据思维是否具有创造性,可分为习惯性思维(常规、再生性思维)和创造性思维:习惯性思维指运用已有的知识经验,按现成的方案和程序直接解决问题。创造性思维是运用新颖的、独创的方法去创造性地解决问题的思维活动。科学的发明创造都是创造性思维的结果。

第六,以个体思维发展水平,可把思维分为直观动作思维、直观形象思维和抽象思维。直观动作思维是以眼前直接操作的动作为基础进行的思维;如幼小儿童的思维;在眼前正在进行的活动中思维,离开眼前的活动,其思维也就随着转移,如数苹果、做加减运算等。直观形象思维指凭借事物的具体形象和表象的联想来进行的思维。如学前儿童的思维常常是列举个别事例。抽象思维是指借助于语言,以概念、判断、推理的形式进行的思维,是人类所特有的。

写作思维学研究的核心是写作的主体——作者,也就是人。人的思维活动是非常复杂的,它不仅以人脑的活动为基础,而且伴随人的心理复杂过程。

## 三、思维的作用

恩格斯曾说:"一个民族想要站在科学的高峰,就一刻也不能离开思维。"苏霍姆林基说过:"一个人到学校上学,不仅是为了取得一份知识的行囊,而主要是获得聪明,因此,我们主要的智慧努力就不应用在记忆上,而应用在思考上去,所以,真正的学校应是一个积极思考的王国,必须让学生生活在思考的世界里。"叶圣陶先生强调:"语言教育,在基本训练中,最重要的还是思维的训练。不要只顾到语言文字方面,忽略了思维的训练。因为,语言是和思维分不开的。语言是思维的固定形式。只有想清楚了才能说清楚。"①

关于思维,心理学家与哲学家都认为这是人类大脑经过长期进化而形成的一种特有机能,并把它定义为"人脑对客观事物的本质属性和事物之间内在联系的规律性所作出的概括与间接的反映"②。思维的目的既然是要对事物的本质属性或事物之间的内在联系规律(事物之间的空间结构关系)作出概括的反映,就有一个如何才能更有效地作出这种反映的问题。

通过接受教育,真正学会了思维的受教育者,无论对于社会还是对于个人来说,其意义都是重大而深远的。从宏观角度看,通过教育,培养出适应时代需要的、善于思维懂得思考、具有创新精神和创新能力的高素质人才,是提高整个民族创新水平的关键。只有通过教育发展学生的思维能力,从而最终改变落后的民族思维方式,打破因循守旧的保守心理和恪守常规的落后观念,才能启蒙愚昧、解放思想,提高整个民族的思维水平;只有培养学生勇于变革、锐意进取、不断创新的科学品质,培养他们接受新事物新理论、并推动新事物新理论不断向前发展的科学精神,才能使我们民族的起点更高,立意更

---

① 叶圣陶:《语言和语言教育》,见《叶圣陶语文教育论集》,第639页。

② 朱智贤、林崇德:《思维发展心理学》,北京师范大学出版社1991年版,第9页。

新。从微观角度看,通过接受教育,发展个体的思维品质和水平,使每一个人都成为创造的主体,都能够不断地从自己的创造性工作过程和成果中体验到生命的价值,体验到成功的感动,那么无论对于其内在潜力的进一步挖掘、创造活力的不断释放,还是对于其人格的圆满、心性的提升,都大有裨益。

如果我们从学生出发,作文教学就应该以思维训练为中心。因为作文的过程实际上是作者的一种思维活动,作者所写成的文章实际上是作者思维的成果。因而思维在作文的生成过程中处于核心地位,起主导作用。同样,思维在学生创新作文的生成过程中,对作文主题的内容、形式、手法、语言,都起着决定性作用。

## 四、中学生思维特点

整个中学阶段,学生的思维能力得到迅速发展,他们的抽象逻辑思维处于优势地位。心理学研究表明:高中阶段学生的思维能力从总体上看,正处于急剧发展、变化和成熟的过程中,其基本特点是思维能力迅速发展,抽象逻辑思维处于优势地位,思维由经验型向理论型转化,抽象与具体获得高度统一。这一年龄阶段的中学生由于生理、心理的日趋成熟,反映在思维发展上的性别差异也日趋显著。已经能够用理论指导来分析综合各种事实材料,中学生思维的独立性和批判性有明显的发展,但还不容易产生片面性和表面性,往往强调事物的某一方面而忽视事物的另一面。"高中生智力的发展,一方面是表现在其观察能力、记忆能力、想象能力等方面发展变化和完善上,但更主要的是体现在其思维能力的提高上。"高中生的形式逻辑思维和辩证逻辑思维已获得了相当完善的发展,在其思维活动中占主导地位,"抽象逻辑思维趋于成熟"[①]。

心理学告诉我们,思维活动总是同解决问题联系在一起的。作文是语文教学的重要环节之一,是衡量学生综合能力的重要尺度。学生作文水平的高低直接影响到语文教学质量。因而在教改日益深化的今天,研究中学生的写作心理,研究学生写作思维心理,对提高其写作能力是大有裨益的。

写作又是一项十分辛苦的脑力劳动,辛苦在它还是一种复杂的

---

① 林崇德:《发展心理学》,人民教育出版社 1995 年版,第 381~383 页。

思维活动,从某种意义上可以说,思维是无形的作文,作文则是有形的思维。如果一个人思维不敏捷,思路不开阔,思想认识不深刻,思维缺乏创造性。那么他写出的作文是不可能是高水平的。可见,在作文教学中注重思维能力的培养是十分必要的。①

写作活动,实际上就是写作主体的一种潜在的综合性、创造性的心理活动。作文的过程是一个思维过程,实际上也是思维变换的过程,即所谓的"由物到意"和"由意到文"的写作转化过程,是在人脑机能的作用下客观与主体双向运动有机统一的心理运动过程,也就是一个信息流动的过程。因此文题对学生刺激造成何种反射?对头脑中已存的素材、信息如何整理加工,适时再现?开始行文的心理状态如何?这些都对写作有直接影响,只有细心观察,正确引导,使其发挥潜在的能力,才能有助于提高学生的写作水平。

# 2.3　写作与思维

美国学者唐纳德·奎恩说,在整个写作中,写作和思维是同时产生的,写作的过程也就是思维的过程。意思是说,写作活动的核心就是作者的心理活动,也就是一连串的思维活动。对写作来说,"整个写作过程都有思维活动参加,写作水平的高低和思维能力的水平有着直接的关系"②。写作,"用文字表达思维——思维是内核,文字是外形"③。因此,在写作者的各种心理能力中,思维能力处于核心的地位。

写作是运用语言文字进行表达和交流的重要方式,是认识世界、认识自我、进行创造性表述的过程。《语文课程标准》中重点指出:在发展语言能力的同时,发展思维能力,激发想象力和创造潜能。由此

---

① 覃可霖:《论写作教学中思维品质的培养》,载《写作导航》2004 年,第 9 期。

② 张寿康:《写作中的思维训练》的《译本序言》。

③ 王大绩:《一枝一叶一盆土——高考作文备考的三个环节》,载《学知报》2009 年第 33 期。

可见，培养学生的创新能力是写作教学的一个重要任务。可以这样说，不会写作，或者对写作感到困难，其实就是不会思维。

思维是写作的前提和灵魂。没有思维活动，就没有写作活动；没有思维的深度，就没有写作的成果。只有精于思，善于思，敏于思，才能写出立意新、构思新、语言新，具有独特见解或给人心灵以撞击，或给人思想以启迪，或给人精神以鼓舞的上乘之作。从某种意义上来说，思维是作文的主宰，是写作教学过程中关键的关键。我们编辑这本书的目的是，让老师了解学生写作时思维的流程，判断学生写作的真正水平，介入学生思考的过程中，在具体的写作过程中给予积极有效的引导，根据学生在写作过程里遇到的困惑，帮助学生分析文题、话题，帮助学生打开思路，学会分析与综合，对学生提供帮助和指引，给予学生个别的帮助，从而对症下药，改善学生的写作能力。使学生写作更具有真知灼见，形成良好的写作思维品质，使学生的思维更全面、更开阔。

## 一、写作思维的界定

写作思维就是写作过程中进行的思维活动，我们这本书中所讲的思维，是从教育学的角度着眼的。这里所指的思维是建立在心理学对思维的理解之上的狭义的思维，接近于通常人们所说的思考，主要指的是人进行思考、通过头脑的活动解决问题的能力，是人的智力在写作时一个方面的体现。

思维之所以能够对客观世界作出间接的、概括的反映，是以人所积累的知识经验为基础的。知识是思维发挥作用的基础性要素。思维能力的高低部分地取决于记忆贮存中相关信息在量上的多少。知识构成了写作思维的基础，掌握知识的多少，知识积累的厚薄，在一定的限度内影响着写作思维能力，但知识渊博和"学富五车"绝不意味着写作思维能力高人一等，即知识的多少不能成为衡量写作思维强弱的标准。更重要的是对知识的理解、运用和转化的能力。我们认为，任何形式和内容的专门训练都会引起个体发生或多或少的变化，绝对的否定训练和一味的崇拜训练都是不可取的。当然，我们所说的教会学生写作思维的活动指的是那种在科学理论的指导下，遵循一定的程序，对写作思维能力进行的有系统的，旨在提高学生的写作思维水平的活动，随意的指导和培养并不是严格意义上的思维训练。从不断积累的事实和已有的研究成果来看,"写作思维是教不会的"和"写作思维是不需要教的"这样两个假设都具有明显的片面性。思维能力可以通过训练而提高,写作思维是可以教的。

写作的本质,一言以蔽之,是揭示事物内在的因果联系,简而言之,就是解决"为什么"的问题。不同文体所采用的思维模式是不同的,形象思维、逻辑思维、创造思维和社会思维就是在不同写作任务中展开的思维整合和程序设计,在相应的文体中,体现思维的不同的特征。

## 二、思维有助于写作

写作教学的最终目的是培养写作思维过程的运转操作能力,此即人们所说的"写作过程能力"或"写作基本能力"。但是,我们怎样才能具有这种思维操作能力呢? 我们怎样进行科学的、序列化的写作思维过程的训练呢? 现、当代写作学研究表明:"操作来自模型"[①]。

首先研究和把握不同年龄、不同年级的学生作文思维的特点。其次研究多个年级的课本在写作上的具体要求与内容,根据这两方面的因素,拟定出系统的作文题目与内容。那么,这种作文思维训练在内容和形式上与一般的作文教学有什么不同呢?

学生不是生活在真空中,每天总要接触一些人和事。有人作过统计:一个人如果将一天中的观感用文字表达出来,至少可写成一本书。而一个学期所规定的大作文也不过七八篇,材料照例应该说是绰绰有余了,而他们竟无材料可写,如何解释? 恐怕是记忆的仓库未曾打开。关于这一点,刘国正先生有一番极中肯的话:"事实上,中学生,十二到十七八岁的孩子已经阅历很多。大至世界和社会,小至学校和家庭,其中发生的许多事情,都会叩击他们的心弦,引起他们的关注和兴奋。他们有很强烈的求知欲和辨别是非的要求;他们有他们的喜怒哀乐、爱好、追求和理想;他们有一个时而变幻色彩、时而涌起波澜的天真烂漫的生活领域,其中有很多可以取作素材。宝库就在身边,他们却视而不见,这是因为他们误以为面包和盐既然不是真

---

① 马正平:《写的智慧》(第 4 卷),西南师范大学出版社 1995 年版,第 1289～1299 页。

金美玉,就不值得拾取和保藏的缘故。"①这段话无疑是极具说服力的。但如何运用写作思维理论帮助学生打开思路呢?

我们知道,学生写作时会遇到立意、思路、主题、结构、语言组织等诸多难题,最先想起的是与题目相关的某些素材,但一般并不会一下子把这些同时记起来,总会有一个先后的顺序。加上考场上时间紧迫,心理压力很大,当思维进入死角的时候,如何快速找到素材打开思路就是赢得作文高分的关键。下面就以近几年高考题为例,加以示范解析:

## 2007 年广东语文高考题

阅读下面的文字,根据要求作文。

纪念是用一定的方式对人或事表示怀念。它既可以是国家、民族对已有荣誉的回忆,对过去痛苦的祭奠,也可以是家庭和个人对往事对亲朋的怀念。纪念又不同于怀念,它不仅仅是内心情感的冲动,它还是思想与行动的结合。生活中有各式各样的纪念,节日庆典是纪念,树碑立传是纪念,种一棵树或写一篇文章也是纪念……形式也许不同,但意义同样真切。真正的纪念是心灵的回响,是历史的回音,它坚守信念,传递勇气;它珍藏感动,分享幸福;它审视过去,启迪未来……

请以"纪念"为话题,写一篇文章。

注意:①所写内容必须在话题范围之内。②立意自定。③文体自选。④题目自拟。⑤不少于 800 字。

"纪念"这个话题,带有鲜明而浓重的感情色彩,强烈的生活气息也直扑人面。从写作范围来看,大致可划分为两种类型:国家民族型和个人生活型。确定主题一定要深刻,选择材料一定要新颖,表现人事一定要灵活。切忌简单堆砌材料,而无精心的筛选、巧妙的运用、自然的过渡和真实的情感。其实,考生只要密切联系重大历史事件或自身生活实际,是不难找准切入点的。可以记叙、描写为主,兼用议论和抒情;也可以议论、记叙为主,穿插描写和抒情。

具体操作如下:

第一步,把抽象的事物具体化,选择一个小的、具体的事物作为

---

① 见《课程·教材·教法》1992 年第 9 期。

突破口,以小见大,避免空对空。

第二步,聚焦往事,扣住纪念,定下情感的挥发点。大可从历史的角度,小可从个人的角度。

第三步,确定文体。大的范围,如世界、中国历史适合议论写作,个人方面适合写叙述性的文章。

我们还可以运用辐合思维的特征,从时间、空间、对象、因果、是什么、怎么办等角度切入,寻找合适的素材,迅速打开思路。从时间角度,考虑过去、现在、未来;从空间角度考虑中、外、特殊地域;从对象角度,考虑人、物、事;从因果角度考虑原因和结果;从是什么角度,考虑如何定义或用比喻;从怎么样的角度,考虑结果如何或怎么办。

写作一定要"克服这种心理的懒惰,随时彻底认真,一字不苟,肯朝深处想,肯向难处做"①。就上面的思路,我们再运用发散思维的特征想开去。

(1)从时间的角度考虑

清明节,端午祭屈原,中秋……

什么时间:传统的纪念节日:清明→什么事件:清明上坟→怎么样:上坟的场景,有吆喝叫卖的,有鞭炮齐鸣的,热闹非凡,简直像一个大集市;也有的只有简单的一盆花和哀哀哭声→什么是真正的纪念? 用心而不是用喧嚣、用世俗去打扰他们的安宁。因为真正的思念而拜祭,而不是把它当成过场和游戏。

(2)从空间的角度考虑

家里,坟前,纪念碑,烈士陵园,内心……

很多人在家里供上祖先的牌位,逢年过节上炷香,以示纪念→清明的坟头,总会添上一些新土,来表达对逝去亲人的想念→纪念碑前,总有人凝神遐思,默默地纪念那些为国为家献出生命的英魂→也有的人,只把纪念放在心里,随时随地。这是更深的纪念,这是心灵的回响,这是珍藏在心中的不朽感动。

(3)从对象——事件的角度考虑

历史事件:中国抗日胜利六十周年,反法西斯战争胜利六十周年,清末风云…… 社会热点:废除收容制度,申奥,入世……

什么事:2005年恰是反法西斯战争胜利六十周年→怎么样:自

---

① 朱光潜:《作文与运思》,载《朱光潜美学文集》(第2卷),第288页。

然联想起六十年前的战争场面:诺曼底登陆、斯大林格勒保卫战,中国奋起杀敌的东北汉子——六十年前的那场硝烟已经散去,这场历史上最大的战争,给我们留下了什么? ——镜头切换到六十年后的今天,诺曼底的老兵穿上军装,人们欢呼致敬;莫斯科红场成为纪念"二战"胜利六十周年的主要场所之一;东北的某个小镇,一位老人在纪念碑下讲述当年的经历……

(4)从对象——人的角度考虑

屈原,司马迁,李白,杜甫,秋瑾,革命烈士,孙志刚,亲人,朋友……

纪念谁:亲人→为什么纪念:他/她生前对我的疼爱(态度)→怎样纪念:坟前燃一炷香,写一篇文章,或者在心里默默祈祷,希望他在天国不再那么辛苦;用行动实现被纪念者的心愿。

(5)从"怎么纪念"的角度考虑

扫墓,树碑立传,塑像,默哀,送行……

反面:魏忠贤给自己立生祠,妄想自己万世流芳,却不料成了千古笑柄;正面:周恩来、邓小平死后把骨灰撒向大地、海洋,但人们在心里为他们竖着永恒的丰碑。→结论:要想获得后人的纪念,就要在活着的时候作出贡献→正面:巴金逝世时万人相送,因为他代表了文化界的良心,因为他敢于说真话;任长霞去世万众流泪,因为她是人民的好警察。反面:每一个贪官的落马,都让人拍手称快,因为他们辜负了为官的责任……→再次点题:能否赢得别人的尊敬和纪念,并不取决于自己的意愿,而关键在于你做了什么。

(6)从因果的角度

为什么纪念:因为有教育意义;因为在"我"生命中有特殊的价值;因为是一段特殊的经历……

每到落叶飘飞的时候,"我"都会想起一个同学(或朋友、亲人)→他(她)在那个时候离开了"我"→原因是为了帮"我"实现一个心愿,但他(她)自己……从此后再没有他(她)的消息→每年的这个时候,"我"都会……(和前文的"心愿"有关),来纪念这个虽然短暂但却是永远的同学(朋友、亲人)。

(7)从"是什么"的角度

真正的纪念是心灵的回响。(写出"纪念"对个人的意义)→真正的纪念是历史的回音。(写出"纪念"对历史的不忘记)→真正的纪念可以启迪未来。

纪念什么？可以是人，可以是物，也可以是事，当然也可以是你能想到的一切事物。下面这篇选自广东高考资讯的佳作抛开一切常规思路，别开生面，令人耳目一新。

【优作】 2005年高考广东满分作文

## 让纪念闪耀理性光芒

*广东考生*

纪念是内心情感的涌动，但又不是感情的无节制挥霍；纪念需要行动来升华，但又需要理性的引导。

真正的纪念是心灵的回响，是历史的回音，它审视过去，启迪未来……

黑格尔曾经自夸德国人天生就是哲学家。然而就是这样一个天生严谨自律的民族，就在一个狂人的引诱下，陷入了战争的渊薮。60年前的那幕惨剧：生灵涂炭、妻离子散、血流成河……生者在对往者的审视中找到道德的标杆，也找到了纪念的理由。德国人用尽一切方法阻止时间淡褪那血色，稀薄那呼声：修建集中营纪念馆，全力处理战后的善后问题，还有那德国总理在犹太人纪念碑前的惊世一跪！德国人在60年里不断地反思，不停地纪念，终于完成了灵魂的自我救赎。德意志民族向世界展示了理性的力量，也赢得了世人的尊敬！

可见理性的纪念才是正确的纪念，理性让纪念闪耀出人性的光辉。

但纪念一旦脱离理性的制约，它就会变成不可控制的魔鬼。日本在60年前那幕惨剧中同样扮演了不光彩的角色，作为亚洲地区的主要刽子手，日本犯下的罪行罄竹难书。往者已矣，大和民族的纪念却是如此这般：右翼势力大肆鼓吹"中国威胁论"，还妄图为二战罪行翻案；不顾史实修订历史教科书，文过饰非，美化侵略罪行；更有首相一年一度的靖国神社"拜鬼"……日本这种偏离理性范畴的"纪念"活动，自然得到各国人民的一致谴责。有句话说得好："跪着的德国人比站着的日本人更高大！"

中国在抗日战争中付出巨大的代价才取得胜利，中国人民自然无法容忍这种倒行逆施的行为。于是各地都掀起了声势壮大的抗议和纪念活动。但近来这些纪念活动在少数激进分子的鼓动下出现了打砸抢日货商店的不理智举动。群众爱国的赤子之心可以理解，但纪念并不是感情的挥霍，非理性举动无益于解决问题。我国领导人多次表达出严正立场，但同时并不关闭中日会晤的大门，"前事不忘，后事之师；以史为鉴，面向未来"无疑就是对过去痛苦最理性，也是最深刻的祭奠。

人不能忘本，"忘记过去意味着背叛"。而高贵的心灵在铭记苦难，咀嚼苦难过后，方能理智地纪念苦难。当纪念的洪波涌动时，勿忘用理性的"闸门"控制情感。

【点评】针对现实立意较高。

本文采用议论文的写法，审题准确，入题快捷。开门见山提出中心论点"纪念需要行动来升华，更需要理性的引导"，立意较高，观点正确，能针对现实，颇有时代气息。

在论证过程中，作者从国家民族的高度进行论述，虽然口子开得大，但作者所引材料新颖、恰当、充实，并十分典型，安排材料也颇具匠心，先正后反，由外而中，既摆事实，又讲道理，分析中肯，论证有力，说理透彻，令人信服。精当的引用，更是增强了文章的说服力和感染力。

全文展现作者具有良好的思辨能力和较深厚的语文功底，虽然文章中有个别句子在表达上还不是很恰当，但瑕不掩瑜。此文的确是一篇考场佳作。

## 三、思维训练与文体

培养学生的思维能力，从根本上讲就是考虑如何优化学生的思维结构，发展学生的思维，也就是要发展学生的思维结构，培养学生良好的思维品质，即关于思维的深刻性、灵活性、独创性、批判性、敏捷性等品质，让学生更加聪明，更喜欢开动脑筋。通过几年的摸索和实践，我总结出从训练学生的发散思维、逆向思维和求异思维入手来培养他们的思维能力，并有意识地把这种训练运用到话题作文教学中去。

学生选材的多样性与思维的特征是息息相关的，但是写作不是以单一方式进行的，它是多种思维方式综合活动的过程。在思考中，直觉、联想、想象、灵感、判断、推理、分析、综合等思维方式都在积极地活动着,对写作的结果产生着效应和影响。而且,意识、下意识、记忆、感情也参与其中,发生着积极的作用。

写作思维的训练在作文教学中处于核心地位,它包含多个方面、多个角度的训练。从写作思维的特点看,可以追求写作思维的独创性、开放性、深刻性、灵活性和全面性。从写作文体分类,高中作文主要有记叙文、议论文和说明文的写作,这些思维类型又有自己独特的作用。单就文体而论,记叙文、抒情散文等更多体现为形象思维,讲究意象;议论文、说明文等更多体现为逻辑思维,讲究条理;科幻小说、故事新编等更多体现为创造思维,讲究新奇;应用文更多体现为社会思维,讲究实用。有写作的过程思维训练,有拟题、选材、立意、内容、写法、语言的思维训练。

## 四、形象思维训练有助于记叙文写作

巴尔扎克曾说"文学是庄严的谎话",这是指文学都是想象的产物。文学作品在塑造人物性格的时候,常常根据作者拟定的人物性格轨迹,运用形象思维展开丰富的联想和想象,想象人物会怎样做,应该怎样做。想象越丰富,形象思维就越活跃。美国作家威廉·福克纳认为,文学家最重要的素质,就是要具有丰富的想象力、独到的感受力、优秀的表现力。我们尽管不必人人争当作家,但在记叙文写作中,想象是不可或缺的。

可以说,任何文学作品都是靠想象写出来的,没有想象就没有文学。《三国志》里有"先主遂诣亮,凡三往"八个字,到了《三国演义》,竟然洋洋洒洒地写了五六千字。其间写了张飞的急躁、关羽的持重、刘备的诚心诚意,写了隆中卧龙冈的山林、隆冬的朔风雪景、草堂的宁静,写了诸葛亮之友崔平、石广元、孟公威、诸葛亮之弟诸葛均、诸葛亮岳父黄承彦,真是一波三折,曲尽其妙,引人入胜。倘若没有丰富的想象力,能有这流芳千古的"三顾茅庐"的美妙吗?

文章的生动性体现思维的形象性,形象思维可以使一个普通的小故事铺展出一个迂回曲折、引人入胜的情节故事,而学生的记叙文常见形象干瘪、内容抽象的毛病。叙述性文体,即记叙文,其核心就在于营造"故事情节"。一言以蔽之,就是要运用叙述性思维,也就是使叙述更有味道、更有魅力的思维方式。这是形象思维对事件发生的过程进行艺术化、形象化的处理方式。具体体现在写作教学中,形象思维也叫想象思维,是人脑运用形象——表象(意象),通过联想、想象、直觉、类比等形式进行的思维活动。其方式和作用有再现性形象思维,如将记忆中的曾感知过的事物在意识中再现出来;如为了达到写作中的某种目的,利用记忆中的表象,通过夸张、移植、交合等手段,来创造作品中的新形象。要实现写作上的飞跃,就要掌握具体事物的形象。如色、声、嗅、味、触之类感官所接触到的形式和运动都在头脑里产生一种映像。世界上没有完全相同的两片叶子,任何事物都有其独特之处,学生观察事物应从颜色、质地、大小,形状、气味等方面认真比较,辨别两种事物的异同,找到事物的特征。还要善于调动生活储备,用"心"去体验。这样,才能从颜色中听出声音,从声音中看到色彩,从芳香中嗅出恶臭,从冷暖中觉出软硬。

为此,培养学生的形象思维就要大力丰富他们的想象力,丰富他们头脑中的表象和具体生动的语言,使其开阔眼界,扩大生活面,多观察、多体验、多读书和读好书,勤奋写作。

思维如果只是被局限在一定的概念、判断和推理中进行,在达到一定的极限之后,必然会陷入到怪圈之中停滞不前。爱因斯坦正是看到原有的概念、判断和推理系统难以产生新的思维的飞跃,因而提倡想象力,他认为"想象力比知识更重要,因为知识是有限的,而想象力概括着世界上的一切,推动着进步。并且是知识进化的源泉"[①]。

作为万物之灵的人类在探索和征服自然的过程中,当现实条件不具备,科学材料不充足时,总是能够运用有限的科学知识和理论,发挥头脑的主观能动性,想象某些未知的自然变化过程。这便是人类所特有的一种科学想象。无疑,人类不能没有这种丰富大胆的想象力,作文也是如此。对于想象力,也有许多不同的定义。有人认定,"想象是在人脑中对已有表象进行加工而创造新形象的过程"。有人说,"想象是在感觉表象的基础上,对客观现实的某种特征进行思维的形象"。有人却认为,"想象就是在头脑中创造新事物的形象,或者根据口头语言或文字的描述形成相应事物形象的过程"。值得注意的是,美国学者 S. 阿瑞提在《创造的秘密》一书中断言:"想象是心灵的一种能力,是心灵在有意识的和清醒的状态下产生或再现多种符号功能的能力,但又不是有意组织的功能。"

---

① 《爱因斯坦文集》(第 1 卷),商务印书馆 1977 年版,第 284 页。

从以上这些不同的定义中,我们可以看成想象具有以下几个方面的特征。第一,想象不受限制。想象是一种不受时间和空间的限制,自由度极高的思维方式。想象还可以打破事物之间某种既定的逻辑规则,以思维主体自己的方式任意进行变换和整合。想象的事物可以是生活中现存的,也可以是尚未出现过,甚至可以是永远不可能出现的。因此,想象可以天马行空,自由驰骋,具有高度的活动自由性。第二,想象的不稳定性。由于想象并不遵循一定的规律和逻辑,因而想象是变化多端的,同时想象也具有不可重复、无法预测的特点。在同样条件下,不同的人的想象是不相同的,即使是同一个人,在不同的情绪和心境状态下,想象的内容也不可能完全一样。第三,想象蕴涵着创造。想象是由客观事物或环境的刺激引发出其他相关或不相关的事物的心理过程。这个过程一般具有跳跃性的特点,即视野中是当前事物,思维里却是由当前事物引发出的其他事物。在这个过程中,思维者想到的并不是事物本身,而是经过了加工和改造,已经变形了的事物。第四,在想象中,还常常出现现实世界中根本不存在、远离事物原型、超出常规思维模式的虚幻的形象。正是在想象可以构思出新的形象的意义上,我们说想象蕴涵着创造性。

想象力对于思维而言具有特殊、重要的意义。缺少了这种能力,人类思维毫无疑问会大打折扣。所以哲学家康德说:"想象力作为一种创新的认识能力,是一种强大的创新力量,它从实际所提供的材料中,创造出第二自然。"想象也是科学家在发明创造时离不了的思维方式。牛顿发现万有引力的过程中,想象就发挥了重要的作用。根据牛顿传记的记录,牛顿在看到苹果落地之后展开了丰富的想象:为什么苹果落在了地上而不飞上天? 如果苹果树的高度超过月球,苹果还会落下来吗? 在山顶上平射一颗炮弹出去,炮弹发射速度的大小与落下的距离成正比,假如说加大发射速度,炮弹就会绕过大半个地球,如果发射速度相当大,炮弹就可能不落在地球上,而像月亮一样绕着地球飞转。月亮为什么不飞离地球呢? 看来一定是它和地球之间存在着一种互相吸引的力量。牛顿正是展开了丰富的想象,填补了从苹果到万有引力之间的空间,在苹果、炮弹和月亮、地球、天体运动之间建立起联系,从而总结出普遍的万有引力定律。丰富的想象力是人们遨游科学太空的强劲翅膀。

想象是一种极其可贵的品质,正是有了想象,人类才得以超越常规思维的约束，冲破现有知识经验的局限，以大胆、奇特的方式对所要解决的问题进行创造性的探索。而丰富的想象力并不是与生俱来的，经过后天有意识的训练，想象力是可以得到培养和提高的。教育应该抓住每一个适当的契机，鼓励学生大胆展开想象，改善学生的思维空间，从而实现认识能力的飞跃和突破。

文艺创作更需要想象。想象不仅对音乐、诗歌是需要的，对美术、雕刻、戏剧，总之对一切文学艺术的创作都是必不可少的。想象是人脑在原有感性形象的基础上创造出新形象的心理过程。如作家在写作时所塑造的人物形象，是作家在已经积累的知觉材料的基础上经过加工改造而成的。也就是说，想象是在人脑中对已有表象进行加工改造而创造新形象的过程。想象也是中学写作的基本能力要求，《语文课程标准》中强调："在写作教学中……激发学生展开想象和幻想，鼓励写想象中的事物。"

当我们展开想象的双翼时，记忆中的表象由模糊逐渐趋向清晰，由薄积为厚重，由暗淡转为明朗，无生命的素材演化成活灵活现、呼之欲出的崭新形象，文章的内容也由贫乏到丰富，由狭窄到广阔，由散乱到严密，你的文思就如喷泉涌出，在笔下汩汩流淌。作文题"O的联想"，那个无声无色的圆圈，幻化成鲜红的太阳、疾驰的车轮、喧响的铜锣、凌空的飞船，有的同学把它想象成日出、日环食、拱桥、水中倒影、花园中的月亮门、中秋之夜的月饼、树木的年龄，甚至眼镜、月亮……这些正是"想象"在大显神威。

古人云，联想要顺理成章，寄寓要雁过无痕。好的文学作品思路开阔浮想联翩，并不局限于一时一地的见闻，也不拘泥于一人一事的描述。作家之所以能用丰富的材料编织出一个又一个生动的艺术形象，给人以教育和启迪，正因为他们善于让思想插上翅膀，自由飞翔，神游八方。

学会想象并非是一件十分复杂的事情，我们常常把"异想天开"作为一个贬义词来使用，其实，"异想"至"天开"了又有什么不好？正因为"异想天开"，才有"后羿射日"的神勇故事、"女娲补天"的优美传说。当今，想象力匮乏是中学生作文的一大通病，也是一直困扰着中学生作文训练的一大难题，他们写的文章干巴巴的，多是些抽象的没有任何文学意味和艺术色彩的语言，让人难以卒读。

当然，想象联想离不开现实。想象是以生活和知识为基础的。

屈原提出"地的东南角何以倾塌",不正因为我国地貌状况是西北高,东南低,大河大江由西流向东南流入大海吗?《西游记》的作者吴承恩凭借想象力创造出具有变化多端的神力的孙悟空,使"美猴王"既有人的智慧,又不脱猴的习性,并屡屡战胜频施诡计的妖精,也源于他对生活的深刻认识与理解。在其他作品中,那些幻想中的飞人长着鸟的翅膀。不管你的想象如何离奇荒诞,还是有客观现实的影子,知识越广博,想象联想也会越丰富。"想象是火箭,知识是动力",但"想象力比知识更重要"。想象是火花,能使你的作文大放异彩;想象是补品,能使你的作文血肉丰满;想象是颜料,能使你的笔下五彩斑斓。愿你插上想象的翅膀,在写作的广阔天地自由地翱翔。

## 五、抽象思维训练有助于议论文写作

议论文是以议论为主要表达方式的文章体裁,我们对生活中遇到各种各样的事进行剖析时,可以用议论文论述观点,发表看法,提出主张。文章要使人信服,就要"有理"。因此,从发生在身边的事件中你要仔细分析,抓住精髓,得到的看法、提出的主张、观点要符合事物的客观规律和人们的是非观念。

写议论文,就是要发表自己对某些人、事、现象、言论等的看法,而要发表自己的看法,就必须对这些人、事、现象、言论等进行分析,发表自己精彩的议论。精警的议论一定不能拖泥带水,凡庸余赘;也一定不能含糊其辞,牵强附会。它的每一句话都应鲜明有力,具有思想的含量;它的每一个字也都应精警凝练,充满艺术的张力。只有这样,议论方能耐人咀嚼,让人回味。

生活是丰富多彩的,生活中遇到的事也是多种多样的,我们会目睹许多事情,这是发表议论的对象和依据,也是产生看法的基础。事例可以是正面的,也可以是反面的,最好是发生在自己身边的且较有普遍意义的。一事一议的"议",就是针对发生事情或身边事谈见解、看法。但议论文中的叙事与记叙文中的叙事并不完全一样,它只要求简明扼要地将主要内容叙述清楚就可以了。也就是说要表示作者肯定什么、否定什么,赞成什么、反对什么,它决定着文章的价值,是文章的灵魂,在文章中起统率作用。因此,论点(议)必须准确鲜明,它是一个明确的判断,它表示作者对问题、对事物所持的态度,所以绝不能吞吞吐吐、模棱两可、似是而非,否则议论就无法进行、论证就无法展开。

在一般情况下,如果要深刻地了解客观环境内的事物或现象、了解现象背后的本质关系,则须由具体思维进入抽象思维。抽象思维的对象不限于当时当地的事物或现象,而且还可超越时空的范围。抽象的作用系于分析、比较与综合的基础上进行,并借助于概括、推理、验证、应用与评定等作用而反映现实。在青少年的学习创新活动中,抽象思维除能注意事物的本质以外,尤可了解各种事物的特性、关系及其相辅相成的作用。

中学生写作时的基本文体要求就是议论文,议论文要能做到深入思考、见解深刻,这样的文章往往给人以启迪,给人以较高层次的理性享受。我们不要求每一个学生都成为文学家、文章家,但我们可以通过正确的引导,鼓励学生养成乐于思考的习惯、善于思考的品质,从而使他们的文章散发理性的灵光。写作中就要运用抽象思维训练,运用思维的深刻性、独创性、批判性。体现在议论文的写作中,举例论证似乎是议论文中无法回避的写作方式,尤其对于中学生来说,理论思维没有完全发育,理论积淀也不够深厚,勉为其难去写纯理论的文章,显然不切实际。因此很难避免举例论证。但例证不同于记叙文中的讲故事,可以刻画细节,编述故事,娓娓道来,例证的核心是"证",例子的篇幅就受到了限制,在例子中的引申和阐发才是作文取胜的法宝。

如以昭君为论据来论述"自强"的观点,我们可以对比以下这两个片段:

**片段一** 长风浩荡,黄沙漫漫,马蹄扬起细碎的沙尘,昭君身披戎装,怀抱琵琶,月光的清辉映照着她海棠般娇羞的容颜,她坚定地走向茫茫大漠,辽阔的草原承载不了她无边的孤寂和乡愁。但,为了那永世的安宁,为了大汉的和平,她终老塞外,月夜魂空归。昭君是自强的,历史将永远铭记她的名字——昭君。

**片段二** 长风浩荡,黄沙漫漫,马蹄扬起细碎的沙尘,昭君身披戎装,怀抱琵琶,月光的清辉映照着她海棠般娇羞的容颜,她坚定地走向茫茫大漠,辽阔的草原承载不了她无边的孤寂和乡愁。她独自守望着那轮白玉盘,琴声凄凉,月色冷清,故乡的月此时会更圆吧!但,她没有向这绵绵的孤独屈服,柔弱的心原来如此坚强,因为,她明白自己的使命——为了永世的安宁,为了大汉的和平!

她,一个柔弱的女子,肩负起了本不属于她的责任,终老塞外,月夜魂空归。她无怨无悔,这种刚毅的性格不正是自强的真谛吗?

比较这两个片段不难发现,第一个片段显得有些牵强,自强体现在那儿?论述很不充分,而第二个片段则明确分析自强是昭君那种刚毅的性格,责任感、使命感使她无怨无悔地承受着孤寂,这样一分析文章就充实而深刻,昭君的形象也震人心魄——在娇艳如火与刚强如霜间变幻,瘦削而有力量,一位肩负着民族大义的女子,我们应向她致敬!

怎样使材料明确地指向文章中心呢?应揭示清楚事物内在的因果关系,用因果论证法加以推求,运用深入思考的纵向式思维来深入挖掘,片段二实际上就是回答了"为什么说昭君是坚强的"这一问题。材料是文章的血肉,材料典型,分析充分,文章才会血肉丰满,才会真正地感染读者,打动读者。

以论证"贫困也是一笔财富"这一观点为例,我们可以对比下面这两个片段,优劣高下立刻可以评判:

**片段三** "自古英才出寒家。"司马光出身贫寒;范仲淹两岁丧父,随母改嫁,幼时连稠一点的粥都难以吃到;荷兰画家凡·高也曾两袖清风,一文不名,生活上常靠着弟弟接济;苏联伟大作家高尔基曾经是个流浪儿;居里夫人刚满十岁就去打工……可见,贫困也是一笔财富。

**片段四** "自古英才出寒家。"古今中外成材者,大多出自寒家。范仲淹两岁丧父,随母改嫁,幼时连稠一点的粥都难以吃到;荷兰画家凡·高也曾两袖清风,一文不名,生活上常靠着弟弟接济;苏联伟大作家高尔基曾经是个流浪儿;居里夫人刚满十岁就去打工,还供姐姐读书……这都是幼时曾贫困而后成为才子的非常之人。寒门是他们根植的土壤,也正是这块贫瘠的土壤使他们不断发育,不断成熟,塑造自我,完善自我,最终成为参天大树,开出灿烂之花。由此看来,贫穷并不可怕,可怕的是丧失了摆脱贫穷的信心和斗志。穷则思变,要干,要努力,要奋发图强。越是贫困越激励人奋发向上,这何尝不是一笔财富呢?

议论文的三要素是论点、论据和论证。对论据的分析议论,就是论证的内容和过程。它不仅是维系论点和论据的纽带,能有效地避免初学者"观点＋例子"的弊病，更是议论文说服力的所在。

片段三正是犯了"例而不议"的毛病。由于对所举事例缺少具体分析，所以没有说服力。片段四在列举事例后作探因分析。由于紧扣论点对论据作了具体分析议论，所以很有说服力。

常见一些高考优秀作文，虽主题明确、感情丰富、语言优美，却总让人觉得并没有什么新的收获。究其原因，就在于文章缺乏思想深度，不能产生以理服人的效果。文章的灵魂应当是作者显示的文化态度、文化观念。这里面，就有保守与变革、陈腐与新生、愚昧与智慧、小气与大气的差异。更重要的还是审美主体的文化观念、文化意识和文化情趣如何。秦砖汉瓦固然易于扬起古老的烟尘，唐朝的风、宋代的雨也容易激发人们的情怀，但创作主体若没有深层的文化意识、深刻的文化思考、透彻的文化理解和阔大的文化视野是写不出好文章的；要使作文能够真正深入人心，就必须运用抽象思维训练的方法，那么如何作具体分析呢？下面的方法可供参考。

（一）归纳分析法

在列举多个典型论据之后，对这些论据比较分析，归纳总结出它们的共同点，扣在要证明的论点上，就是归纳法。为了增加例子的容量和信息的密度，对多个例子进行综述是一种好办法，这既是围绕一个中心论点的发散，反过来又是从多方面印证了论点的正确性。

**例一**　我的一个学生在《谈潇洒》一文中，举了蔺相如、宋濂、史可法、庖丁的具体事例，举完事例后，小作者对多个例子进行了综述，他写道：

> "潇洒"的内涵究竟是什么呢？潇洒是心胸开阔，不计他人之过，处处为他人着想，以大局为重的生活态度；潇洒是"不以物喜，不以己悲"，执著于自己内心追求而具有的一种心态；潇洒是为了民族大业，临危不惧、勇于献身的人格境界；潇洒是经过长期磨砺，掌握客观规律之后，游刃有余的行事之道。

这四句话是分别从蔺相如、宋濂、史可法、庖丁的具体事例引发出来的，与上面揭示的四人的潇洒是一一对应的。这是又一次从具体到抽象的概括思维过程，是一种向本质突进的理性思考。

**例二**　在平时训练中，曾做过"战胜自己"为话题的作文，有一个学生在列举了名人事例后写道：

"战胜自己",实际上是一种良好的意志品质和顽强的毅力,也就是一种善于控制自己思想,安排自己活动的自制力。有了这种"战胜自己"的自制力,就能主动自觉地"迫使"自己"放弃"那些不利于充实和积累知识的消极因素,我们才能在学习上有所作为,获得好的成绩。

**例三** 贝多芬甩开了尘世的喧嚣,在音乐的国度里尽情跳跃;居里夫妇抛弃了名利的纷扰,在科学的世界中迈出了更深远的步伐;陶渊明忘却了世俗的黑暗,在自由的南山中悠然采菊……他们的人生轻松徜徉,嗅着人间的芬芳。而别里科夫被世俗束缚在套子里,葛朗台被金钱拖至了死神的身边,他们没有全力轻松地奔跑,最终被卷入世俗的浊流中……

**例四** 往事越千年,你我已无法去改变,而平凡的生活中人们面对人生的挫折,表现出的坦然亦值得慰藉心灵。那扇着扇子赶着蚊蝇的小贩与同行的调侃,那满手油污的修自行车师傅送给顾客的问候与微笑,那清晨骑着自行车送牛奶的人口中传出的有力的哨声……都让我们感到亲切而温暖,他们的生活中有着多少的不堪重负,会遭遇多少挫折与痛苦。但是他们依旧奋然前行,像悬崖边的树告诉你我这如草芥一样的生命种子可以在挫折与痛苦中生得如此坚强与美丽。(《一蓑烟雨任平生》)

这段话由"往事"联想到平凡的现实生活中的平凡人,再由平凡人联想到他们的平凡故事,然后由平凡故事揭示他们不平凡的生活"重负",进而彰显他们不平凡的"坚强与美丽"。这种辩证的理性发挥,把"遭遇挫折而不放大痛苦"的主旨揭示得生动形象,形成了一种强烈的感情色彩和理性氛围。

如何对多个例子进行综述,在一般情况下,如果深刻地了解客观环境内的事物或现象,则须由形象的具体的思维进入抽象思维。抽象思维的对象不限于当时当地的事物或现象,而且还可超越时空的范围。抽象的作用系于分析、比较与综合的基础上进行,并借助于概括、推理、证验、应用与评定等作用而反映现实。

(二)评析法

评析法,就是通过揭示论据所蕴涵的意义,或予以高度的评价,或揭示其危害,从而证明论点提出的看法和主张的影响、价值、效果。

一般地说,英雄人物和英雄行为要揭示它们的影响和产生的意义;反面的行为要揭示其危害并指出正确的做法。

**例一** 要证明"从点滴的小事做起"的论点,举了雷锋的事例后,可作如下分析:

> 正是从这许多平凡的小事中,人们发现了一个高尚、纯洁的灵魂。他的一生闪耀着时代的光芒。他像一个闪光的路标,指引着人们去做好事。这对培养良好的社会风尚,对社会主义的精神文明起非常重要的作用。

这节分析,揭示了雷锋做小事的意义,从而把论点和论据联系了起来。

**例二** 如果文章所要称颂是人物的行为的精神和意义,在简略叙述完这个人物的事迹(指他人,不计较个人得失)后,可以这样议论:

> 让自己的生命为他人开一朵花,为他人灿烂一片心地,增加一缕温馨,添一份生存下去的理由,多一点活下去的借口,就是提高自己的生存质量;用自己的心为他人做圆,给他人吐一丝绿荫,染一片色彩,就是给自己的人生喝彩。

> 能为别人开花的心是善良的心,能为别人的缤纷赞美的情是真情的情,能为别人生活绚丽而付出的人是不寻常的人。这类人必定有高贵的精神,有高尚的品质,有天使般的心灵;这类人是人心的旗帜,人世的脊梁,人群的魂魄。

**例三** 对于常见的历史人物,大家所熟知事例不必太详细,重在于评析议论,揭示事件、人物行为的意义。下面是学生对一些历史人物的评析,分析到位,语言流畅(选自各地高考优秀作文)。

### 中华文化的先驱:孔子

> 他用最锐利的智慧开启了那一道道尘封的门,阳光从那错开的门缝间挤出来,于是门外面铺满黄金;他用最朴实的教诲铸造了一把坚韧的利斧,劈成了一道道深深的印痕,它留下的不是疼痛,而是刻骨铭心! 于是,子子孙孙有了一条光明的大道。

### 曳尾涂中的庄子

> 九万里的情怀荡漾于三千濮水之上。赤子之心归于自然,

终成南华经。曳尾涂中,逍遥一游于尘世,哲学的巅峰便已铸就。他有蛇的冷酷犀利,更有鸽子的温柔宽仁。踌躇满志却又似是而非,螳臂当车却又游刃有余。有谁看不出他满纸荒唐言中的一把辛酸泪呢?对这种充满血泪的怪诞与孤傲,我们怎能不肃然起敬?

## 俞伯牙、钟子期

一挥手,一拨琴,一段旋律;一高山,一流水,一段传奇。他们艰难地跋涉于七根琴弦,他们用紧扣的十指敲开了心灵之门,他们的生命也由此产生了共振。即使远隔千里,即使天上人间,但在他们人生原始的画卷里都巍峨着山,清澈着水,飞舞着知己的音韵。

## 永恒的美丽:王昭君

你海棠般娇羞的容颜,你菊花般孤高的傲世风骨,你柳絮般飘飞的沉思,你桃花般红消香断的泪痕,都在这广漠中消隐。你的聪慧,痴迷着汉赋唐诗的韵律,怎能不如履薄冰?你的深刻,承受着岁月无痕的忧伤,怎能不形销骨立?你的清高,拒绝着蝇营狗苟的生活,怎能不心力交瘁?你默默地离去,为了那永世的安宁。你的名字载入史册,也记载下人们对你永恒的记忆。

## 一代书圣:王羲之

狼毫一挥是生命的舞动,砚纸是他的舞台,满载生命的厚重,楷如泰山稳立,行如清冽之风,草如龙凤舞动,他让人们真正了解什么是书法,他让世界了解中国书法的伟博,兰亭已矣,永不逝去的是《兰亭集序》中最豪迈的一次舞动。

## 李时珍

还是一介农夫时,已有指出医书典籍中错误的胆识;看到病痛中的村民时,已萌生了编著一部医书的念头。怀揣着那份执著,走进大山经风历雨,身试百种药草,成就医学巨著。

### 留得清高照尘寰:李清照

纵观古今,唯有你是真正氤氲在水墨之间的婉约女子,柔情似水,盈盈一掬。但是,你那看似浅浅的豪气也在柔弱中发酵壮大,令世人更增一分敬仰。

### 竹的冥想者:郑板桥

看看那挺拔的竹子吧,"千磨万击还坚劲,任尔东西南北风",正是他的写照。那以时间为间距的节,是他的冥想。一支画笔画出竹的气韵,擎着一方永不塌陷的写意天空。竹子在他的笔下更显精彩,他对竹子的冥想造就了美的舞台。

### 笔尖上的舞者:鲁迅

一个漫长的拯救,一段思想的斗争。一双眼看透世态炎凉,一支笔写尽悲情苦难,一身青袍衬出他的颀长傲骨,嘴角的烟斗,悠悠冒出的丝丝缕缕,让沉默不再是沉默。

### 一代才女:张爱玲

十里洋场的意乱神迷中,清醒着一处清幽,她是一枝气质媚人的蕙兰。她用敏感的笔触,红色的激情,喷涌出闺阁的意味、洋房的欲望,抒写了一个个淋漓的灵魂后,乘着它们渐行渐远,暗洒一路幽香,任由裙裾飞扬。

(三)因果分析法

世界上的任何现象、事件,无论是自然界的,还是社会生活中的,无论是物质的,还是意识的,它们都是一定的原因下的结果,绝不是无缘无故地产生的;同样,任何一个现象、事件,也无论它是自然界的,还是社会生活中的,无论它是物质的,还是意识的,它必然是一定结果的原因。

在议论文中使用因果法进行论证具有较强的说服力。因果法中的"因"是指证明论点的理由;"果"是指要证明的论点。人们在思维过程中常常会根据某事物的原因推导其结果,或根据某种结果分析其原因,这种思维方法体现在写作中就是因果法。

探求因果关系常见的有两种方法:

1. 求同法:求同法是指在被研究的对象出现的若干场合中,如果仅有一个先行因素是这些场合所共同具有的,那么这个先行因素就是被研究对象的原因。简言之,在若干场合中,其他因素都不同,只有一个因素是相同的,却产生了相同或不同的结果,那么这个因素就是这个结果的原因。比如,

> 中国古代的司马迁遭受不幸,于逆境中写出了《史记》,取得了辉煌的成就;曹雪芹在遭受一次次的打击,举家食粥的情况下,依然写出了不朽的《红楼梦》;现代的朱自清,家境贫寒,他在上大学时,由于没有钱买新的被子,只能用绳子将破被的另一头扎起以御寒,但他刻苦学习,成为著名的诗人、学者和民主战士;外国的塞万提斯,在被捕入狱后,仍写出了《堂吉诃德》这样伟大的著作。虽然他们所处的时代不同,他们的国籍不同,人生经历不同,个性等都不相同,但有一因素是相同的,即他们都处于逆境而不气馁,勤奋努力,最终都取得了辉煌的成就,由此可以得出这样的结论:处于逆境而不气馁,勤奋努力,是他们最终都取得了辉煌的成就的原因,逆境能使人成才。

2. 求异法:求异法是指在若干个场合中,其他因素都相同,只有一个因素不相同,却产生了某种相同或不同的结果,那么这一个因素就是产生这个结果的原因。例如,两个学生在同一所学校,同一个班,所处的家庭环境和学校环境相同,两人的智力也相同,都很勤奋,但他们一个注重学习方法,积极参与课堂教学,肯动脑筋;另一个不讲方法,只知埋头苦干,结果两人的学习成绩相差很大,用求异的方法,很快就可以得出这样的结论:良好的学习方法是取得良好成绩的原因。

这种分析法就是从因果关系上把论点与论据联系起来。具体说,就是对事例中的行为,探求其根源,发现其本质,使内容逐步深化。例如:

> 古今中外,许多取得了重大成就的人,很多都遭遇过"埋没"的命运。爱因斯坦就曾经"埋没"在一个专利局中,充当小职员的平凡角色。但他没有灰心,抓紧一切机会进行研究,终于开创了物理学的新天地。华罗庚曾"埋没"在小店铺里,但他没有消沉,每天做好营业工作后,抓紧一分一秒的时间,昼夜不停,寒暑

不辨,刻苦自学,潜心钻研,终成著名数学家。为什么他们没有因"埋没"而"窒息",并且能有所建树,因为他们是生活的强者,他们不甘于忍受被"埋没"的命运;不管在什么不利的情况下,他们始终没有丧失向上的勇气和力量;他们坚信如果真是千里马,又不失千里之志,终有奋蹄腾飞的日子。因此,他们在"埋没"的情况下,不是怨天尤人,而是努力拼搏奋斗,终于冲破"埋没"脱颖而出。(《靠奋斗冲破"埋没"的压力》)

作者在列举了爱因斯坦和华罗庚之例后,运用探因分析法,一层深一层地揭示了他们冲破"埋没"的原因:不甘于被"埋没",坚信能冲破埋没,努力拼搏奋斗。从而使事例很好地论证了论点。

要运用探因分析法,议论一定要精彩,议论一定又是缜密辩证的、深刻透辟的。它能够抓住问题的要害,并且作出入木三分的分析。这种分析不是就事论事型的,也不是隔靴搔痒式的,而是以敏锐的眼力向着事物的纵深探望,使潜藏在事物背后或内部的一切浮露于读者的面前,让人分享到透视事物深层意蕴的愉悦。例如:

> 行政执法,按说应是全国一盘棋,真正体现"法律面前,人人平等"的基本原则。现在倒好,居然连执法也有了"主场"和"客场"之分。有人甚至将"主、客场论"作为执法的"指导思想",对本地本土的违法现象睁一只眼,闭一只眼,对外地进入本地境内的人、车则冷眼相看,甚至狮子大开口,要起钱来离谱。这种各自为政,条块分割的怪现象是典型的封建割据残余思想的写照,充满彻头彻尾的利己主义味道。现在市场经济秩序之所以混乱,从某种程度上说,和执法秩序的混乱不无关系。所以,要从根本上整治市场经济秩序,必须首先彻底整顿行政执法秩序。

它要求作者有辩证思维的头脑,不因突出自身的正确而强词夺理,不因强调重要而陷于偏激。缜密辩证的议论一定能够对事物作出全面的观照、客观的分析、公正的评判,一定会注意对象的不同,把握说话的分寸。例如:

> 最近才浮出水面的"白条'吃'垮亿元村",着实令人瞠目结舌。若没有一个特别好的"胃口",还真是一件难以办到的事。白条,作为一种遥遥无期的空头许诺,已深深刺痛了农民的心。令人不安的是,如今的农村,打白条已经不再是什么个别现象了,范围越来越广,花样也越来越多,远不是收你一点粮食给张

白条那么"低档",而白条的功用也正在经历新的嬗变,成为少数干部肆意作伪和疯狂敛财的手段。由白条堆积而成的集体小金库,变成一种神通广大的"腻子",可以抹平许多难看的"账面",让内里的百孔千疮在表面上变得光艳如新。白条说白了,就是权力滋生出来的怪胎。

要运用探因分析法,精彩的议论也可以是形象活泼的。它拒绝人云亦云的陈词滥调,讲求生动鲜活的思想展示。尽管议论当凭其强大的逻辑力量征服读者和听众,但它并不排除形象活泼。新颖活泼的议论文字可以使其文质兼美,情理并具,可以使逻辑力量得到更大程度的发挥。例如:

康熙们可以死去,大清朝可以灭亡,封建制度可以推翻,但中国人的奴才意识和皇权思想却总是变着花样"活"下来,时时刻刻地在中国人精神里萌发。虽然经过思想解放和民主制度的洗涤,可封建皇帝还是一个个地以历史主人公的姿态从古墓里爬出来,大清的辫子也越长越长,中国文人挖掘古典文化,实际上挖掘出来的却是封建皇帝的僵尸。

只要不是丧心病狂,别有用心,没有人希望不稳定而欢迎天下大乱的。一些官员的乌纱帽纷纷落地其实并未造成人心不稳,社会动荡。对某些人士高喊不倦的"稳定"倒要辩证地分析一下,他们事前不是未雨绸缪,尽力避免问题的发生,事后也不是亡羊补牢,改过自新,反而扛着"稳定"的大旗,招摇不已。他们所要的"稳定"并非社会的稳定,而是某些个别贪污受贿、渎职犯罪的官员"交椅"的"稳定"。这样的"小稳定",是建立在不惜沉积不满、堆聚矛盾、牺牲社会"大稳定"的基础上的,因而只能对腐败起到保护作用。

任何事物的发展变化都有其复杂性,既有一果多因,也有一因多果。鼓励学生在思考中多从因果角度分析,就是要避免单向线性思维的片面,而培养多向发散思维的品质。这里,还需再强调的是,作文表现出来的思想深刻,其实是作者思想深刻的外现,而思想的深刻,则得力于经过发散思考后的"见人之所未见"。

(四)辩证分析法

这种分析方法就是运用对立统一的、发展的、联系的观点分析材料,既要分析事物本身的内在联系,又要分析该事物与其他事物之间的联系;既要看到事物的正面,也要看到其反面;既要照顾到事物内部的主要矛盾,也要注意到非主要矛盾,还必须注意到主要矛盾与非主要矛盾之间的转化和变化。运用辩证唯物主义思想审题、构思,能加强议论的力度。如以"勿以恶小而为之"为题写文章,主体部分可分三层:小恶也是"恶",是恶即不可为(事物的本质);小恶不改,会发展为大恶(发展的观点);不仅不能为恶,还应该为善(联系的观点)。这样就能这篇文章既丰富、深刻、新颖、又充满辩证色彩。

如何辩证分析?首先是大胆质疑。善学者善疑,善学者贵疑。思想深刻,首先必须得益于善于质疑。如何质疑?最简单易行的方法就是把同样的论题放到不同的语境中,换一个角度,看看会发生什么变化,会有什么不同的结果。

举一个简单的例子。成材的关键是什么?内因还是外因?我们可以找到无数的例子来证明,内因是决定性的因素,而且马克思主义哲学也如是说。那么有没有特殊的情况呢?外力、环境是否也会在某些情况下起决定性的作用呢?"近朱者赤,近墨者黑"与"出淤泥而不染"都是至理名言,却为什么如此矛盾?"孟母三迁"与"囊萤映雪""悬梁刺股""凿壁偷光"都被传为佳话,但它们透露出的内涵却何以有如此巨大的区别?……如此质疑下去,对问题的思考就必然不会机械呆板,就必然会更为深刻全面。如:面对"近墨者黑"、"近墨者未必黑",这两个题目,就可以引导学生运用辩证唯物主义基本观点从几个方面找出论证思路。比如通过内外因的关系来构思:外因是条件,内因是根据,外因通过内因而起作用。因此,"近墨者"是否变色,主要取决于内因。用这个论证思路,就可以有力地证明"近墨者未必黑"的论点。再比如从量变到质变的观点来分析:一定的量变可以引起质变,"近墨者黑"的可能性较大。以此思路可以证明"近墨者黑"的论点。还比如从矛盾转化的观点分析,近墨者,原来并不黑,但可以随着矛盾的转化,有可能变成黑色,反之亦然。

## 【优作】

### 近墨者未必黑

中国有句古话:"近朱者赤,近墨者黑。"这说明环境对人有很大的影响。那么,"近墨者"必定要"黑"吗?我看不见得,因为大量事实证明了"近墨者"也有不"黑"的。田园诗人陶渊明，置身于当时黑暗官场，不要人民尘芥之物，可谓"出淤泥而不染"；海瑞，刚正不阿，敢于向邪恶势力宣战，于黑暗社会中高悬起一方"青天"。虽然，陶渊明后来消极避世，海瑞的那方"青天"也显得苍白无力，但至少他们能在黑暗社会中保持高尚节操，这确实难能可贵。

在近代和现代，"近墨者黑"这句话就愈显其偏颇了。鲁迅是从地地道道的旧家庭过来的，他起先憎恶熟识的阶级，继而就认识到"唯新兴的无产者才有将来"，于是他杀回马枪，向着原属于他的阶级进攻，进行起改造那旧阶级、旧社会的斗争。从鲁迅身上，我们非但看不见半点"近墨者黑"的影子，相反，我们看到的是一个经过改造的伟大的共产主义战士的形象。

而在今天，更有许多忠诚于人民事业的人，不怕"近墨"，主动去接触那些失足、犯错误的人，耐心教育他们，帮助他们，关心他们，使那些"墨者"认识到自己的错误，重新成为共和国的好公民。这些"近墨者"的品质更显其高尚，心地更显其赤诚。

为什么陶渊明、海瑞、鲁迅能"近墨者"而不"黑"呢？我认为他们都有崇高的理想，有推动历史前进、促进社会文明、为广大人民着想的幸福观，还具有淡泊名利、舍生取义的决心和勇气。若不是两袖清风，何能一身凛然正气？若不是傲视权贵，不为五斗米折腰，何能挂印归隐？若不是"心事浩茫连广宇"，何能"我以我血荐轩辕"？

综上所述，"近墨者"是否"黑"，取决于内因。辩证法告诉我们，外因是变化的条件，内因是变化的根据，外因通过内因而起作用。因此，近墨者未必都黑！

例文是一篇高考优秀作文。它的最大的特色就在于论证"近墨者未必黑"的观点时，注意到内因在事物发展过程中的主导地位和巨大作用，以此作为立论的依据（关键在于人自身的主观努力），所举的三个典型事例也都能扣住"内因"而展开分析。

(五)阐释分析法

这种分析法，就是对引用的理论（名言）作解释阐发，证明论点的确凿。就是对作为论据引用的概念、学说或主张的意义加以解释、说明或阐发。特别是所引用的论据来源于较难理解的文言文或经典著作中艰深难懂的语句时，运用阐释分析法是十分必要的。例如，在论

述"环境与成才"的关系时,引用了"有楚大夫于此,欲其子之齐语也
……一齐人傅之,众楚人咻之。虽日挞而求其齐也不可得矣……"这
一论据,随后作阐释分析:

这段话的意思是说,楚国大夫要他儿子学齐国方言,让一个齐国
人教他,而生活环境中的许多楚国人都在干扰他。这样,即使每天鞭
打他,要他说齐地的方言 ,还是办不到。可见,环境对人的影响确实
很大。

只有经过阐释分析,论据的含义才会更加明晰,读者也才能较容
易地从这一寓言中认识到环境是成才的重要因素这一道理,论据的
论证力量才能充分地显示出来。

**例一** 人们历来把"作茧自缚"喻为自己束缚自己。我却不
以为然。蚕儿吐丝—作茧,把自己包在里面,它是自知自如的,
为的是圆一个飞翔的梦。它躲进自己筑的"小窝"酝酿、修炼,功
德圆满之日,正是破茧而飞之时。从这种意义上来说,我认为
"作茧"并非"自缚",而是"自励"。

人的一生总要有个奋斗目标,然后为实现目标而努力。其
实这一制定目标——达成目标的过程,正是"作茧——破茧"的
过程。从"作茧"到"破茧"并不是一朝一夕能够完成的,需要积
年累月的坚持不懈,要有自甘寂寞的精神,要有超人的恒心,才
能等到"破茧而出"、"梦想成真"的那一天,缺乏这种精神的人却
只能慨叹时光飞逝,破茧之日遥遥无期。纵观古今成大事业、大
学问者,无不是耐得"独上高楼,望尽天涯路"的寂寞,抱着"衣带
渐宽终不悔,为伊消得人憔悴"的信念,才达到"蓦然回首,那人
却在灯火阑珊处"的境界。

**例二** 明志就是确立志向。古人很重视人生志向的确立,
志存高远,就会自我激励,奋发向上,有所成就。古人常登高望
远,表明心志。"孔子登东山而小鲁,登泰山而小天下。"站得高
才能看得远,志向远大才能克服眼前的困难和自身的弱点,去实
现宏伟的志愿,在生活的海洋中向理想的彼岸远航。只有不畏
艰险、不断进取的人才能体验到成功的喜悦,而明志是为急流勇
进的人生注入的第一推动力。

志当存高远。的确,人的志向与成就从来是密切相关的。
如果没有远大的志向,就不可能成就大业。一般来说,对自己的

要求高,取得的成就就大;对自己的要求低,取得的成就则小,甚至一事无成。一个人即使身居陋室,饔飧不继,只要有远大的理想,崇高的抱负,也能奋然前行,干出一番经天纬地的事业。

## 【优作】

### 自卑·自负·自强

自卑的人,往往只看到别人的长处,却看不到自己的长处,总觉得处处不如别人,自惭形秽。在他们眼中,别人都是"白天鹅",自己像个"丑小鸭"。一件事还没有干,就先气馁三分,怀疑自己的能力。稍微遇到一点挫折,就会垂头丧气,一蹶不振。一个人偶尔产生自卑心理,也在所难免,但如果成了一种习惯的心理状态,那是十分有害的。它可以压抑一个人的聪明才智,使人变得畏畏缩缩,胆怯心虚,使本来可以做好的事情亦归于失败而失败又会强化自卑情绪,从而陷入"自卑——失败——更加自卑"的怪圈之中。自卑还会使人丧失积极进取的精神,不敢去拼搏、竞争,如果发展到自暴自弃,破罐子破摔,那就只能成为向隅而泣的可怜虫了。

与自卑的人相反,自负的人往往看不到别人的长处,却总是陶醉于自己有限的长处里。他们总是过高地估计自己,自命不凡,自以为是,甚至狂妄自大,目中无人,"看自己一朵花,看别人豆腐渣"。过于自负,必然造成故步自封,脱离群众,堵塞自己前进的道路;过于自负,会使人头脑发热,干出不自量力、脱离实际的蠢事。群英会上的蒋干,失街亭的马谡,都成为千古笑柄。

在现实生活中,虽然自卑自负表现形式截然相反,但究其根源,却有一致之处,即都不能正确认识自己,其结果也是一致的,即只能酿成失败的苦酒。可以说,自卑与自负是一对孪生兄弟。自卑者如若因为偶然机遇获得一点成功,就会得意忘形,加入自负者的行列;自负者一旦碰壁,也会跌入自卑的泥坑。

只有自强的人,"胜不骄,败不馁",既不步自卑者的后尘,也不蹈自负者的覆辙。

自强是事业的"催化剂",是一种锲而不舍的进取精神,它恰似一根擎天柱,支撑着人们顽强的信念,鼓舞人们勇往直前。

海伦·凯勒在一般人不堪忍受的生理缺陷面前,不屈服,对生活有着强烈而执著的追求,终于学完了大学的课程,取得了常人不可想象的成就。还有从废稿堆上站起来的法国著名作家莫泊桑,被人们称为"独弦琴上练出来的小提琴家"尼可洛·巴格尼尼,他们都是历尽坎坷,靠着自强不息的奋斗精神,才取得事业上的成功的。假如没有自强作为精神支柱,海伦·凯勒也只不过是一位值得同情的残疾人,莫泊桑说不定会被沉重的债务压垮,而巴格尼尼则会永远被笼罩在"坐过20年牢的政治犯"的阴影之下。

人生,漫长而坎坷,在这条路上,我们要摆脱自卑的羁绊,甩掉自负的包袱,高扬自强的旗帜,走向成功,走向辉煌!

**【点评】** 本文先破"自卑"与"自负",逐一分析它们的表现和危害,侧重于两者之"异",然后再深入一步,阐述它们的根源、结果和相互转化,着眼于两者之"同",说理全面深刻。后立"自强",突出"自强"与"自卑"、"自负"的本质区别,列举典型事例加以正反对比分析,充分体现了发展变化的观点,而不是孤立地、静止地议论问题。论证充分有力。结尾亮出鲜明的观点,富有号召力,全文层次井然,语言也很洗练。

# 点亮如炬的双眼
## ——拟题思维技巧

## 3.1 拟题的重要性

"花香蝶自来，题好一半文。""题"是"额头"，"目"是"眼睛"，由此可见古人对文章标题的重视。标题是文章的眼睛，眼睛是心灵的窗户。好的标题犹如一枝出墙的红杏，令读者未进院内已知满院春色。白居易曾用"首句标其目"来强调标题的作用。高考作文，如果题目鲜明、生动，就能引起阅卷老师的注意，留下美好印象。

拟一个好的标题，将是文章成功的一半。标题，是文章内容的高度浓缩；标题，是文章的眼睛，透过它可以洞悉文章的灵魂。常言道，题好一半文。美的文题使人耳目一新，使读者一见钟情，从某种程度上说，拟题的优劣直接关系到文章品位的高低。郑板桥在总结自己的创作经验时说："题高则诗高，题矮则诗矮，不可不慎也。"画龙既毕，点睛尤为重要；织锦已完，添花方才美妙。作为中学生写作，"标题是让阅卷老师慧眼为之一亮的第一点""标题是让人一见钟情的因子""标题也提供给读者窥视文章内容的独特视角"。只有拟出新颖醒目的标题,才能让阅卷老师"一见钟情",博得阅卷老师的"青睐"。

拟题是一种能力。题目是从哪里来的?题目是从观点中提炼出来的,你没有题目,也就是你的观点模糊,在观点模糊的情况下,就信马由缰写作文,肯定是跟着感觉走,脚踩西瓜皮滑到哪儿算哪儿,等到写到一多半了,观点才稍微浮出水面,才发觉前面说了一大堆不着边际的废话。所以我们在写作文之前,一定要认真构思,从材料或话题中提炼出观点,再从观点中进一步提炼出一个精彩的标题来。任意一篇文章的题目都绝非信手拈来的,它应该是作者深思熟虑的结果。古人将拟题比作"画龙点睛",龙虽画好,但是要让它腾飞,是需要一双"明眸善睐"的眼睛。醒目而新奇的题目才能够立刻吸引阅卷者的眼球,让阅卷者眼前一亮,你的文章才可以脱颖而出、鹤立鸡群。因此,拟题的过程实际上就是一个审题的过程,就是立意的过程,就是选材构思的过程。拟题非常重要。它是考生在写作上呈现给阅卷老师的第一份见面礼,直接关系到老师对作文的第一印象;它又是考生写作水平高低的重要标尺,直接体现写作者的智慧与匠心。所以我们应该珍惜这样一个展示才华的绝好机会。

我在教学的过程中做过一次有趣的拟题的实验,以"情"为话题,让两个年段的学生回家思考(高一入学新生和高三上学期学生),各写下两个题目,结果题目丰富多彩,从收集的题目来看,有以下几种:《冬日暖阳》《花落春仍在》《倾听自己的心跳》《岁月无情》《道是无情却有情》《滴滴香浓,意犹未尽》《我要的幸福》《朋友最真,友情最贵》《思念也是一种病》《潇潇雨歇》《温情》《亲情》《寻找心灵的伊甸园》《幸福着你的幸福》《问世间情为何物》《无情未必真豪杰》《倾听自己的心跳》("心跳"代指某次独特的自身经历)等。所拟的题目反映不同年段、不同年龄阶段、不同的家庭出身、学生有不同的心理,也可以看出学生课外书籍阅读的一些情况。

拟标题不难,难的是拟一个好的标题,这一点高中各年级的学生都会有所体会,但要拟出特色拟出新异的标题就不是那么容易了。以本次拟题归纳,主要有以下几种方法,表格形式表现如下:

| | 高一 | 高三 | 题目示例 | 备注 |
|---|---|---|---|---|
| | 人数比例 | 人数比例 | | |
| 直接用话题 | 15% | 5% | 《情》《感情》 | |
| 附加法 | 17% | 26% | 《幸福是一种心情》《岁月无情》《情》《问世间情为何物》《朋友最真,友情最贵》 | |
| 修辞法 | 24% | 29% | 《幸福着你的幸福》(引用)、《梦绕关山,情随湘水》(对偶) | |
| 反常法 | 9% | 12% | 《无情未必真豪杰》《真想做个后进生》《往事并不如烟》 | |
| 悬念法 | 11% | 17% | 《让脑袋作360度旋转》 | |
| 符号法 | 3% | 8% | 《生活＝?》《99＋1＝0》 | |
| 其他 | 31% | 5% | | |

一个"自主拟题"将作文的自主权还给了学生,为学生创造了一个非常宽松的作文环境,孩子们可以言自己爱言之事,表自己爱表之情,他们可以不必为写什么而绞尽脑汁,可以自由诉说自己内心深处的喜怒哀乐,无所顾忌;可以天马行空般地展开自己的想象,大胆的幻想现实生活中不存在的未知世界中的人和事。学生爱怎样构思自己的习作都能得到人们的认可和尊重。

提倡学生自主拟题充分体现了对学生的尊重,是以学生为学习主体,承认个体差异,重视个体体验的具体表现。因为即便同一件事,不同的学生也会有不同的体验与感悟,有不同的兴趣点,因此他们会选择从不同的角度、不同的侧面入手,写出来的作文自然也会各不相同。让学生自主拟题,也使学生易于动笔,乐于表达,如,一位老师让学生在家中学烧一道菜,举行"快乐的品尝会"活动。活动过后,学生自主拟题,自由写作:《免费自助餐》《小馋猫大比拼》《美味大盘点》《开心时刻五分钟》《教室变成了餐厅》《疯狂麻辣抓》《超级大吃家》……孩子们从一个个独特的视角写下了他们难忘的一刻,不仅文章内容让人忍俊不禁,就是五花八门的题目也充分体现了孩子的创造性。

## 3.2  中学生拟题存在的问题

就上面讲到的拟题实验,拟题中也存在着不少的问题,尤其是高一的学生。

1. 题文不符,比如《安详》;

2. 过于宽泛,大而无当,比如《亲情》;

3. 俗套,比如《母亲的温暖》。

问题的症结除了学生把"话题"和"题目"这两个概念混淆以外,命题作文不需再拟题,但话题作文要求"题目自拟"。遗憾的是,一些同学要么直接用试题中的"话题"作为题目,要么草草拟一个题目了事。这恰恰是犯了话题作文的大忌。考场作文中,一些考生的习惯做法是先把文章写好,之后再匆忙中随意地写个题目上去。于是,文章的题目往往缺失了它的效用,更严重的情况就是通常所说的文不对题,文章的内容和题目无法关联起来。上述两种情况原因何在?主要还是思维不畅的原因。研究表明,高一学生明显还带有初中学生的一些特点。初中生思考问题往往朝一个方面聚敛前进,容易孤立地静止地看问题。这样看来,拟题的单一实际上是与学生的思维特点联系在一起的。设想帮助学生摆脱消极思维定式的束缚,引导他们的思维向四面八方、上下左右辐射,鼓励他们另辟蹊径、独树一帜,推陈出新,从不同角度获得拟题的途径和方法。

教师如何引导,是否有有效可行的方法,拟题的过程实际上就是一个审题的过程,就是立意的过程,就是选材构思的过程,标题是文章内容和读者情感心理之间的第一个接触点。

# 3.3 拟题的原则

拟题方法虽然多种多样,但无论怎么拟题,都一定要紧扣话题,而且要力求新意。而要真正拟好题目,除了需要一些灵气,还需要我们平时多读书,多看报,做生活的有心人,处处留心,从生活中汲取营养。相信你能拟出有一定深度、一定新意的论点型标题来。

秋天,北京大学新学年开始了。一个外地学生背着大包小包走进了校园。实在太累了,他就把包都放在路边。这时,正好一位老人迎面走过来,年轻学生走上去说:"您能不能替我看一下包呢?"老人爽快地答应了。那位新生于是轻装地去办理各种入学手续。一个多小时以后回来了,老人还尽职尽责地完成着自己的使命。年轻学子谢过老人,两人各自走去。几天之后,北大开学典礼,这位年轻学子惊讶地发现,主席台上就座的北大副校长季羡林先生正是那一天替自己看行李的老人。

请根据上述材料,拟一个论点型标题。

导思:这道拟题训练题的角度也颇多。

1. 如果就事论事,做表面文章,则拟题为"助人为乐"、"平易近人,以身作则"、"一诺千金,负责到底"、"谦逊为人,长者风度"。

2. 如果稍稍挖掘一下,则可拟题为"开学第一课"、"北大第一课"、"人间自有真情在"、"渊博的学识,高尚的人格"。

3. 如果再深一层,则可拟题为"己所欲,施于人"、"不以善小而不为"、"可敬的赤子之心"、"质朴无华见纯真"、"自然心——最高的境界"、"金子般的平常心"、"难能可贵的平常心"、"呼唤平等与博爱"、"超凡脱俗境界高"。这些标题赞颂季先生平凡中的伟大是真正的伟大。

4. 还可以从赞扬或批评学子的角度立意:"人的尊严与平等""留住诚信""没有大人物与小人物之分""人与人只需平视""不必仰视,不可俯视""不必'惊讶'"。这些都有相当的新意,这类标题能给人以新鲜、深刻的启迪和教育。

以"钱"为话题，体裁不限，可叙事，可介绍，可议论，只要与钱有关就行，自拟题目。有些同学就直接以"钱"为题目，有的以"正确认识钱的作用"为题目，虽然都扣了话题，但前者题目过大，太宽泛，没有针对性；而后者的标题似乎缺乏文采。如果写一个人痴迷于收藏各种钱币的故事，不妨以"钱痴"为题；如果论述钱本无好坏之分，完全是人的善恶观在作祟的道理，就不妨以"钱，何罪之有""为钱正名"或"钱眼看人生"为题，就显得非常具体形象了，仿拟"成也萧何，败也萧何"，讨论金钱的两面性，不妨拟题为"成也金钱，败也金钱"，说明金钱是一把双刃剑，只有使用得当，才能发挥积极作用。如果在错误的地方，以错误的方式，错误的使用金钱，那结果必然是不堪设想。"我穷得只剩下钱了"是富人们的口头禅，也反映了在商品浪潮的冲击下人们价值观念的转变，富有的外表掩饰不住内心的空虚，以此为标题，来探讨生活富裕的今天人们对精神文明的追求，别具一格。"有钱真的能使鬼推磨吗？"这是对俗语"有钱能使鬼推磨"的理性思考，说明金钱万能思想的错误。"一个贪官的忏悔"以王怀忠、胡长清的口气，叙说他们为了金钱是怎样一步一步走向堕落的，阐明"君子爱钱，取之有道"的哲学观念。

但我们从上表中也可以发现，接受了两年学校教育，学生的拟题能力有所提高，懂得拟题的一些基本的规律和方法。用语文老师的行话表达，即"四要"和"五美"。

所谓"四要"是指：

(1)要准确鲜明。标题应紧扣文章内容，一目了然。标题绝不能作摆设，更不能让人摸不着头脑。而应紧扣话题，有的放矢。

(2)要新颖生动。标题应不落俗套，让人耳目一新，激起阅读兴趣。

(3)要简洁凝练。标题应短小精悍，醒目上口，给人广阔的联想空间。

(4)要含蓄隽永。标题应含义丰富、耐人寻味，又富有启发性。

"五美"，即：

(1)动态美。在标题中恰如其分地冠以动词，使之具有动感，使之具有一种力量美，使美的形象和情思更生动、更鲜明、更突出、更有吸引力，从而使标题具有动感。如《抉择》《走出"规则"》《诚信，归来吧》《难舍诚信》《带着诚信上路》《寻找自己的天空》《谱写丰富生动的人生》《尽显双赢的智慧》等，大多是动词、名词或由动词、名词构成的短语，给人一种动感。

（2）力度美。在标题中，开诚布公地表明自己的观点、态度，抓住本质，攻其要害，达到一种无以辩驳的力度美。如《选择中华魂》《拷问灵魂》《诚信不可抛》《拒绝谎言》《诚信是金》《诚信，归来吧》《六盏红灯不能照亮前程》《双赢，一种人伦的智慧之美》《双赢——千古传唱一首歌》等都达到了这种效果。

（3）含蓄美。所谓含蓄美，就是将丰富生动的内容，以藏而不露，或藏而稍露的方式展示出来，进行提示点化，或褒或贬，让读者自悟其意，留下回味余地。如《水边的……》《赤兔之死》《另类童话》《迷宫行走》《点一盏心灯期待诚信》等。

（4）古典美。恰到好处地引经据典，或恰如其分地改造、仿写古语，能使作文的标题有形象、有文采、有韵味、有节奏，表意精当，含义深远，给人一种庄重深邃之感。如《若为人生故，诚信不可抛》《无诚无本，无信无立》《"山穷水尽"与"山重水复"》《春风秋水共旖旎》《念君清泪如铅水》《今年花胜去年红》等。

（5）联想美。把代表相近、相反或异类的事物、情感、人物、事件等词语放在一起作并列的标题，使读者隐约地感受到二者之间存在的某种内在联系和丰富的内涵，从而开发读者的想象空间，丰富作品的内涵。如《我与大海》《花与女孩儿》《苦茶·咸泪·画眉鸟》《家·人·灯》，就属此类。

标题拟定的原则是"小""准""新"。所谓"小"，就是"切口小"，以小见大；所谓"准"，是指标题能够准确反映文章中心；所谓"新"，是指标题"新颖"，令人过目难忘。做到这几点，标题便熠熠生辉。

# 3.4　常见拟题方法

### 1. 浓缩话题法

就是将话题或作文内容加以浓缩，拟定标题。如 2005 年高考满分作文《让纪念闪耀理性光芒》的标题,就是直接将话题"纪念"的内容加以浓缩,这样做的好处是能够切合题意。

2. 借用化用法

就是将诗文典故、名言警句、时文典"例"、诗词意境等借用、化用为文章标题。如 2005 年高考满分作文标题《坐看流星划空时》《今年花胜去年红》等就是典型。

3. 形象再造法

即将著名文学形象加以改造和更新。如高考优秀作文标题《烟随风逝,名随史流》就是将"陶渊明的菊花"和"苏轼的寒鸿"等形象加以再现,写出别样的风采。

4. 短语并列法

就是将与话题中心相互关联的词语并列呈现,以收变化之美。如 2005 年高考满分作文标题《儿子·父亲·凶手》和《位置·价值·青春》。

5. 巧用修辞

就是借用比喻、拟人、夸张、借代、移情等修辞手法命题,以收穷形尽相、绘神传神之效。如 2005 年高考满分作文标题《我愿意做匹英勇奔腾的狼》《一曲红楼,万声叹息》等。

【例文】 话题:一枝一叶一世界(2005 年浙江卷)

### 一曲红楼,万声叹息

舒芜先生在给《红楼梦》作序的时候曾经说过:"红楼一梦的可贵不仅仅在于文学价值的高深,更是因为这'金陵十二钗'唱出了封建末期女性的觉醒。"

一曲红楼,万声叹息,是那样世态凄凉,贫富悬异。是"朱门酒肉臭,路有冻死骨"的社会。而这样的社会黑暗的造就根源即是阶级的不平等,人性的不纯真,更是性别地位的不公正。红楼一梦,写尽了大观园里的繁盛,写尽了豆蔻年华的热烈,亦写尽了所有盛大繁华掩盖之下,因男尊女卑而引起的重重悲剧。那样一个个灵动鲜活的生命,有纯洁善良的心灵,有感动世间的美丽,有字字珠玑的清好词工,却只能在那个被成群男子控制之下的凄冷社会里唱出一曲又一曲的悲歌:被折磨至死的是迎春,孤守青灯泥佛的是惜春,含怨而死的是可卿,跳井而死的是金钏……这样的红楼,这万般叹息,是为那个男尊女卑的社会而潸然泪下的感慨,是对这个人情冷暖世间的无情鞭答。

一曲红楼,万声叹息,这叹息不仅是对大观园里所有女性觉醒而高歌的铿锵之音,小小大观园是当时社会的一个缩影,这"温柔富贵乡"里有钩心斗角,有凶残强暴,有尊卑之分,这样的"烈火烹油"的世界里人们可以清楚地看到有许多清新的形象不为世俗所染,用高洁的姿态冷眼旁观。而林黛玉便是这些鲜活形象的最好代表。这个世姝寂寞林在大观园里既是主又是客,这特殊的地位使她清醒看到世间的各样清寂。大观园"游丝软系飘香榭"的热闹在她眼里只是"风刀霜剑严相逼"的惊寒。所以她会认识到自身的可贵,会为自己贞洁的爱情而努力。所以她会在听到曲中唱词"如花美眷,似水流年"的时候仿若置身凡尘之外,为女性的尊贵而动容。这样的红楼,这样的万般叹息,将世间生灵的觉醒寓于一园之中,却让人们看到燎原星火带来的欣喜。

一曲红楼,万声叹息,曹雪芹用看尽沧桑的老眼,墨香四逸而又锐利的笔尖在这红楼一梦里集结所有情思,感叹了黑暗与觉醒,道尽了那个世界的种种流连⋯⋯

【点评】 作文标题开诚布公地亮出自己的观点,态度鲜明,具有力度美,对仗工整,自始至终贯穿全文。小小红楼大世界。作者认为"红楼一梦,写尽了大观园里的繁盛,写尽了豆蔻年华的热烈,亦写尽了所有盛大繁华掩盖之下,由男尊女卑而引起的重重悲剧"。"金陵十二钗"的悲剧显示了男尊女卑社会的残忍、黑暗。同时作者也认为,黑暗的红楼中有觉醒者,应以美人林黛玉为代表。她的冷眼旁观,她的思考,她的抗争,是封建社会中觉醒女性的形象。作者更认为,一曲红楼体现了作家曹雪芹对"黑暗与觉醒"的感叹。

# 3.5 围绕话题拟题的一些技巧

文题是文章的眼睛,文题别致,或蕴涵哲理,或富有情趣,或语出惊人,就会吸引读者,让人爱不释手。那么,怎样给话题作文拟一个恰当的标题呢？

## 一、确定文体，扬长避短

紧扣话题，调动积累，选用自己的"拿手文体"写作是快速拟题的基本前提。因为任何文章都是有体裁的，不讲文体，随心所欲地写作，只会写出结构松散，不合章法，非驴非马的"四不像"文章。况且，话题作文也只是要求文体不限，并非不讲文体。如以"梦"为话题，《这一幅风光，如梦》《比梦更美》宜写成抒情散文；《美梦成真》《想起了那个暑假》宜写成记叙文；《说说课文中的"梦"》宜写成说明文；《梦想中国足球》宜写成议论文。以"树"为话题，可记叙为主——《树下》《记一次植树活动》《我的小桃树》；可抒情为主——《松树赞》《我爱那片小桃林》；可议论为主——《给我一片绿荫》《植树，生存的希望》《小议"前人栽树，后人乘凉"》。

## 二、善于补题，以小见大

在宽泛的话题前面或后面作适当的增补，对写作范围加以限制，能使话题由大变小，由虚变实，由抽象变具体，是最常见的快速拟题技法。如以《诚信》为话题作文，其标题就可以拟为《诚信，为人的底线》《我们需要诚信》《带着诚信上路》《诚信，归来吧》《诚信是金》《诚信不可抛》。如以"语文课"为话题，或激情感受，《多味的语文课》；或发挥想象，《虚构语文课》；或片断组合，《语文课剪影》；或联系实际，《语文课之我见》等。又如，以"手"为话题，《一双灵巧的手》《一次难忘的握手》《对手》《精巧的手工艺品》《从手指的长短说开去》等文题从各个角度缩小了写作范围，选材范围更明确集中，极利于我们的写作从小处着眼而顺利展开。这种拟题方法，一般在标题中恰如其分地冠以动词，使之具有一种力量美；或在标题中开诚布公地表明自己的观点、态度，达到一种无以辩驳的力度美……这是学生容易掌握的一种拟题方法，同时也使话题由大化小，避免了出现"下笔千言，离题万里"的现象，利于学生把握文章的重点。

## 三、巧妙修辞，匠心独运

根据特定的语言环境、文体和内容，灵活巧妙地使用修辞手法，能避免一览无遗，让文题生动形象，精炼紧凑，含蓄隽永，使文章锦上添花。修辞能增强说服力和感染力,能够生动鲜明地把意思表达出来。

1. 比喻。如以"挫折"为话题——《别抱怨手上的牌》《不可多得的教师》;以"环保"为话题——《点燃绿色的火焰》《我想有个美丽的家》;以"孝"为话题——《请给老人一轮暖阳》;以"关注生活"为话题——《我爱曲线的生活》。

2. 引用。即引导学生引用与所给话题有关的名言、诗词、歌词或对它们加以变通作题目。教学中,教师要善于运用多种方法打开学生记忆的闸门,鼓励学生充分运用已有的知识储备,从中提炼出精炼、含蓄、韵味十足的题目来。可将话题的题目拟为《书山有路勤为径》《开卷有益》《无巧不成书》《说书》等。使题目更具吸引力。可分为直接引用和化用。

(1)直接引用:引用诗词。如 1999 年高考"假如记忆可以移植"——《前不见古人,后不见来者》(陈子昂《登幽州台歌》),表示对移植记忆的困惑;2000 年高考"答案是丰富多彩的"——《横看成岭侧成峰》(苏轼《题西林壁》)。引用歌词。现在的流行音乐中,不少歌曲的歌名、歌词非常优美,借用它们作文章的标题,既显得活泼风趣,又容易把读者带入文章所创设的情境。如以"宽容"为话题——《一笑而过》(那英);以"素质教育"为话题——《未来的主人翁》(罗大佑);以"家庭"为话题——《我要的幸福》(孙燕姿);以"心愿"为话题——《一千零一个愿望》。引用名句。如以"素质教育"为话题——《救救孩子》(鲁迅《狂人日记》);以"关注生活"为话题,写生活对人的考验——《让暴风雨来得更猛烈些吧》(高尔基《海燕》);以"友谊"为话题——《百年孤独》(加西亚·马尔克斯同名小说);以"亲情"为话题——《滴滴香浓,意犹未尽》(麦氏咖啡广告语)。

(2)化用。如以"诚信"为话题——《若为人生故,诚信不可抛》,化用了诗句"若为自由故,二者皆可抛";以"环境"为话题——《都是风沙惹的祸》,化用歌词"都是你惹的祸";以"读书"为话题——《读书就是爱自己》,化用娃哈哈矿泉水广告语"爱你就是爱自己"。

这些文题不落俗套,新视角、新思路、新感悟、新体验,易吸引读者的注意力,当然也很容易迷住阅卷老师,使他心甘情愿给你高分。

# 选材思维技巧
## ——让心灵的底片曝光

　　据载,在宋代,宋徽宗赵佶喜爱绘画,于是就把考绘画列为科举制度的一部分。一次,主考官出的题目是"深山藏古寺"。怎样表现这个主题呢?怎样把这个古寺"藏得"更好更妙呢?有的人在崇山峻岭间画上一座古庙,有的人在茂密丛林中伸出庙的一个角,或露出一段残垣断壁,但主考官都不甚满意。另有一位画家则独辟蹊径:画面上画有崇山、清泉,还有一个老和尚正一瓢一瓢地将泉水舀进桶里。画和尚而不画庙,有和尚则必有庙,这就把这座古寺深深地"藏"起来了,真是别出心裁,令主考官拍案称绝。选材又何尝不是如此呢?一个主题往往可能用这样的题材来表现,也可以用那样的材料来说明,但是,不同的材料对同一主题的表达效果是不同的。

　　长城的壮美体现在一块块古砖有次序的排列,金字塔的雄奇表现为一块块垒石有规则的组合,而文章的优美则是由一则则材料按文意巧妙的聚合。作文犹如营造一座大厦,这座大厦要建得雄伟壮观,金碧辉煌,建筑师就必须具有识材、选材、用材的能力,而这种能力正好体现了一个人的才识问题。如果这个建筑师才识高超,选择的是高质量的新产品,将材料组合得天衣无缝,那么别人就会产生佩服感。相反,如果这个建筑师才识平庸,选择的是低劣产品,组合得漏洞百出,别人只会不屑一顾,只能是危险工程。

所谓选材,就是要从平时所积累的材料中选取那些能够表现中心思想的材料。写文章之所以要选材,就是因为平时所积累的各种材料性质、类别各不相同,我们只有经过认真地鉴别、选择和加工,才能使所选取的材料更好地表现中心思想。围绕文章的主题选材,这是必须坚持的原则。要根据立意精心选取精当的材料。典型的材料才有代表性,才更有说服力,更有表现力,更有感染力,更有震撼力,才能以一当十、以少胜多。选材是决定作文成败的关键一步棋。准确的审题、深刻的立意、巧妙的构思、合理的结构、优美的语言对于成就一篇优秀作文固然起到重要作用,但典型有力的材料则是文章内容充实饱满的基础,是坚实骨架上的血肉。选用什么样的材料,对文章境界的高低至关重要。文章的价值主要由它的内容决定,好的文章必须是内容充实的文章。选材时可先用发散思维,在草稿纸上列出你认为切合题意的材料(为节省时间,每则材料可用三五字作提示),选好材料之后,然后分析、鉴别,应该根据表现主题的需要和提高表达力的需要进行巧妙剪裁,选定要使用的材料。材料工作大抵分为四步:集中占有材料,鉴定材料,围绕中心选择材料,围绕中心发掘材料。

# 4.1　记叙文选材

选材,首先是为了有力地表现中心主题。主题的形成和提炼诚然需要大量素材,但是具体表现主题时却不必,也不可能将这些素材统统写入文章中。表现主题的材料应该以一当十,而不是多多益善。只有选择典型、有力的材料,主题才能得到突出和强化。如果不加取舍地堆砌材料,主题反而会被削弱甚至淹没。

记叙文获得材料的过程:先要运用发散思维,排除思想束缚,这光靠胆大还不行。胆子大与小,解决的只是敢想与否的问题,运用发散思维,解决的是会想的问题。什么是发散思维呢? 发散思维又称扩散思维、求异思维、辐射思维、横向思维或水平思维等,是指从一个信息点(如作文的"话题"或作文的中心),向多方面寻求思维结果的过程。这种思维活动的流程不是单向、单线的,而是多向、多线的。它无规范、无方向、无数量、无时空,亦无任何限制,任其自由发挥,不囿于传统和成规,强调思维的主体主动寻求,强调思维的灵活和知识的迁移,以便通过这种思维活动求得新颖的、与众不同的结果。

在中小学生的作文创作中,他的思维越广阔,越新奇,即数量越多、质量越高,说明他的发散思维能力越强。譬如,有一作文题目为"红砖的作用",从每个人作文中,便多少可以看出他们各自的发散思维能力。如红砖可以用来造房子、砌围墙、铺地、筑路、垒灶台。这些答案都对,但却可以看出,实际上他们把砖头只是看成一种建筑材料,因而思想仅限于"建筑材料"这一框架的束缚。有一学生不但回答了红砖作为建筑材料的多种用途,还想到它能作锤子、打狗、砸人、压纸、代替直尺画线、用它刹住停在坡上的车辆等。这位小朋友的发散思维能力就较前几位强多了,他突破了"建筑材料"的限制而想到了其他许多用途。但是,我们看到还有一位小朋友的发散思维能力更强。他首先分析了红砖的各种特性和要素:砖由一定的物质构成,有重量、体积,有一定的长、宽、高,有一定的形状,有一定的机械强度,边是直的,色是红的等。然后,他从上述种种特点和要素出发,分别从一个方面一个方面地向四面八方想开去:譬如,从砖有重量,他便沿着"重量"这个要素去考虑它的用途——刮风下雨时它可压住盖在谷堆上的塑料薄膜,肩背重物太吃力可用另一头悬挂几块砖的办法改变为挑,用来压船舱使行船平稳,用做敲打工具和攻击武器等。同样,从体积、形状、硬度、颜色等组成成分,一路辐射出去,想到的用途便会更多。

体现在记叙文写作中,对于一个题目,内容空间可以大到全国,大到五大洲四大洋,甚至大到宇宙和其他星球;事件时间可以回溯到上古,也可以联想到将来亿万年之后,只要与"中心"有关,就要列出来,列得越多越好,越多越优于选择。在列点过程中要善于抓住思想的火花,有些东西可能在大脑中一闪而过或稍纵即逝,在选材时,要把它罗列在纸上,这种搜集素材的方法,古今中外作家时常用到。

俄国作家果戈理在写作的时候总是把想到的全写在纸片上,不管它是否凌乱。为了抓住一闪念的想法,他甚至顾不得字迹的潦草和是否清楚。过些天,再拿起草稿把有关的意思沟通一下,删去那些意义不大的,添上一些涌到笔尖的想法。然后进行构思和作文。

中国美学家朱光潜在《作文与运思》中说:"在定了题目之后,取一张纸条放在面前,抱着题目四面八方地想,全凭自由联想,不拘大小,不问次序,想得一点意思就用三五个字的小标题写在纸条上,如此一直下去,到当时所能想到的意思都记下来为止。"一般地说,记叙文选材时要把下面几点罗列出来。

(1)经历过的事情、情感(自己的);

(2)看到过的人、事(他人1)(直接);

(3)读到过的人、事(他人2)(间接);

(4)听到过的人、事(他人3)(间接);

(5)想到过的人、事(他人4)(间接);

(6)聚焦定型材料,充实细节;

(7)利用经典,搞延伸,再创造;

(8)展开合理想象,编造材料;

(9)移花接木,重组再生。

再次运用聚合思维(查电脑),围绕中心选发掘料:反复锤炼,开掘深化。朱光潜先生的做法就是聚合思维:"这种寻思的工件做完了,再从中选出一些重要的,再在其中理出一个线索和次第,顺着这个线索和次第用小标题写成一个纲要","寻思是作文的第一步重要工作。"[1]

鲁迅在谈到自己的创作经验时也说:"所写的事迹,大抵有一点儿见过或听过的缘由,但决不全用这事实,只是采取一端,加以改造或生发开去,到足以几乎完全发表我的意思为止。人物的模特儿也一样,没有专用过一个人,往往嘴在浙江,脸在北京,衣服在山西,是一个拼凑起来的脚色。"思想的火花,迸发自丰富的知识"矿藏"。要发展自己聚合思维的能力,就应该注意不断扩大知识的积累,增加表象储备。

具体做法:面对庞杂的材料,我们运用聚合思维合并同类项,把联系紧密的作文点集中到一块,这个能使众多材料走到一块的"统帅",就是要写出来的文章的中心。所以记叙文作文的方法是,先有内容,后有中心,再有写作思路(顺序),最后下笔成文。

例如,以"同桌"为题,具体谈谈运用发散思维和聚合思维、获得

---

① 朱光潜:《谈文学·作文与运思》,安徽教育出版社2006年版,第54页。

内容的方法。

围绕"同桌"这一题目,我们运用发散思维整理材料,可以列出以下作文点:

(1)小学的同桌,初中的同桌,高中的同桌。

(2)同桌的外貌、衣着、性格、特长、爱好、学习成绩。

(3)流行歌曲《同桌的你》。

(4)先是同桌,后是朋友,也可能是"师长"或"恋人"。

(5)同桌的范围,同桌即用同一张书桌的人,不仅指上课,还指吃饭、开会、阅览室、网吧的同桌。

(6)幻想与名人同桌,名人可以是中国的,如毛泽东、周恩来;也可以是外国的,如克林顿、比尔·盖茨、拿破仑等,更深入地了解伟人,发展自己。

(7)同桌的缺点、品格,与同桌的矛盾。

(8)同桌的习性,同桌的欢乐、方便与烦恼。

(9)没有同桌的感受:孤独、自卑、无助。

(10)想象中或理想中的同桌。

(11)怎样处理好与同桌的关系:谅解、关心、团结、帮助、安慰、指出缺点等。

(12)怎样成为同桌或成为同桌的过程:老师安排的、自己找的、巧合的、无奈坐在一起的。

(13)同桌性别、经历。

(14)同桌的情感、喜怒哀乐。

(15)同桌是自己上课睡觉、看课外书、做小动作的第三只眼睛。

(16)比较几个同桌,各有千秋,各有特点。

(17)与同桌保持一定的距离,留有一定的心灵空间。

(18)同桌对你的影响或者你对同桌的影响。

(19)同桌是面镜子:我们可以从同桌那里知道自己的优点或者不足。

以上是有关"同桌"的一级作文点。

要想从材料中得到感悟受到启发,就要善于透过纷繁芜杂的表面现象去挖掘事物的本质。我们再运用聚合思维合并,可发现(2)(7)(8)(11)(12)(13)(15)等作文点可具体到某一位同桌,我们在运用发散思维发展作文的二级作文点,如(7)中"同桌的缺点",像懒惰、爱说脏话、不交作业等,为什么同桌会有这些缺点,我如何帮助他。"与同桌的矛盾",具体由什么引起?哪件事?后来怎么化解的?这样材料就又一次增多,可构成一篇《记我的同桌××》的记叙文。

有些作文点,完全可以根据它们构思成文,如(6)、(10)。我们可以跨越时空,幻想与毛泽东、周恩来、拿破仑等同桌,亲身感受伟人的胸怀,亲身感受他们的勤劳、坚韧、伟大志向和宽广胸襟。

总之,要想写作时有源源不的活水,就要做生活的有心人,多观察、多思考、多积累。"处处留心皆学问,人情练达即文章。""如看到日出日落,只知道昼夜变换;发现草木荣枯,只知道四季更替,这是对事物表面现象的观察,获得的知识只能是肤浅的、片面的认识。除此之外,还应了解宇宙在不停地运动着,大自然一切事物生生不息。"思考、体验、探究、总结,生活会带给我们无限的惊喜。严格地讲,作文所检测的不单单是考生的语文知识、作文水平,更重要的是对考生思想观念的隐性考查。从这点上来讲,同学们也应该关心社会、关心生活,懂得观察生活,思考生活。在作文前,要骑上想象和联想的骏马,挥舞起"大胆"的鞭子,在无边无际的精神宇宙中自由驰骋,才能写出最真最美的文字。

我个人觉得,记叙文的选材比立意更为重要,要表现一个中心,可以有千千万万、数之不尽的素材,恰当的选材是作文成功的关键。下面这篇作文是个人指导参加的"邮政杯"比赛征文,题目为"给××的一封信"。小作者马上想到与邮政相关的物品——邮票,围绕着邮票,作者选材构思值得学习、借鉴。

【优作】

# 盼

### 郭慧泉

亲爱的爸爸:

您知道这9年中,我和妈妈是怎么度过的吗?您知道我们有多么盼望远方您的来信吗?

您9年前就离开家,到大西北去工作了,这是个令别人羡慕的职业,可我却最讨厌您的这份工作,它把我们全家拆散了整整9年!

我还清楚地记得您离开家的那天,那年我还没上小学。临走前您送给我一本又厚又重的"书",我打开一看,里面密密麻麻排满了千奇百怪的邮票，我第一眼看见它就被它吸引住了，目光久久不能移开。您扶着我的双肩慈爱地对我说："这些邮票是我收集的，那是我离开家上大学时，你爷爷寄信给我，我就把每枚邮票收集起来，才集了这一本。现在我走了，可能要很久才能回来，可我会经常给你写信，我希望你收到信也把邮票集起来，等爸爸回来那一天，会把每枚邮票的故事讲给你听，好吗？"当时我没有动，因为两眼充满了泪水，不敢动一下，生怕眼泪流下来。我不想哭，我可不想在您面前哭。

几个月后，很快我收到了您第一封信，我高兴极了，妈妈抱着我把信念完，我已经兴奋得坐不住了，找来小剪子把信封上的邮票工工整整地剪下来，小心翼翼地浸泡在水里，守在一旁坐立不安地静待了几秒之后，就迫不及待地将邮票揭下，差点儿撕破。晾干之后，我才把它工工整整地陈列在我独自占有的"博物馆"——那本集邮册里。这是我与邮政第一次有了接触，也是我漫长盼望的开始。

您来了好多信啊，每一封都像一个故事，说您在西北和队友、工人们工作得很愉快，说日子过得像旅游一样，每天醒来睁眼看到的就是布达拉宫，西北罕见的地貌和优美风景尽收眼底。真会开玩笑！谁从电视上看了都知道工程正在加紧进行，哪里有什么闲工夫游山玩水，更何况您只寄过几张照片，还都是在工地周围照的。我知道西部的资源比它的美貌还要壮丽丰富，它能给多少西北人带去福音，带去现代化的城市，又有多少人民在盼望着这一天的到来。您也提到许多工人废寝忘食地工作，几年了，却还没有回过一次家，他们把对家的思念埋藏在心里，化为力量，为着完工那一天拼命，您说您很佩服他们。我默默苦笑，爸爸呀，您自己不也是这样吗？几年过去了，您回来过几回？那年新年，我写了许许多多明信片托您转交给其他叔叔们。不久，您也回了一张明信片，称赞了我。明信片正面是雄伟的布达拉宫：白色的城墙，重峦叠嶂，肃穆庄严。这是我收到的您的第一张明信片，虽然没有亲身见过西部，可是这张明信片给我带来了更美的盼望和幻想。于是后来我和您都用明信片交流，说不出的话由图片表达。我也从心里开始向往西部，崇敬它的博大、广阔、富饶、壮丽，像我崇拜您一样。几年过去了，我早已长大，集邮册也排得满满的了，我想，您也该抽空回来一次了吧！西部开发很成功，已经繁荣了。终于有一天，您来信说您要回来一次，我和妈妈高兴极了。在那一天，全家都动员起来，打扫屋子，整理房间，妈妈还特意买了许多菜，在厨房里忙了一整个下午，最后烧好的菜摆满了一桌子，全家乐融融，就等着门口的敲门声。忽然传来一声刺耳的"嘟……嘟……"的电话响声，我连忙去接，话筒里听到了熟悉的声音，是您，您说"对不起，今天回不去了……"我一听，吼起来："回不来，你就再也别回来算了！"然后把电话摔给妈妈，气冲冲地离开，妈妈明白了，仍然哆嗦地举起听筒，靠到耳边，与您喃喃地说着。我实在受不了了，时间的煎熬、等待的痛苦占据了我的大脑，失落、后悔是此刻唯一的感觉。您是回来过几次，可每一次都只是短暂的相聚，眨眼您又得回去。相聚是快乐的，可这之后的等待所带来的痛苦却远远盖过了这快乐。我甚至怨恨过您的狠心，憎恨您的工作，然而每到千家万户团圆的日子，我禁不住思念远方的您。可今天，一通电话就把我几天来的希望全都打破了，我的情绪一下跌入低谷。这时候妈妈也疲惫地走过来，看着她，我的委屈喷涌而出，我们拥在一起失声痛哭，把几年来积蓄的怨恨、失望全部宣泄了出来。

这件事之后，我看到了报纸上登载了您和工人们苦战的事迹，这像炽热的炭火融化了我的心结，我不再抱怨您，我真正理解了您和您的工作。不久，我们家买了电脑，别看这东西小，却能连接世界各地，听说您那儿也有了电脑，我和您开始通过电子邮件通信了，起初真觉得稀奇，电子邮件速度快、容量大，深受群众欢迎。可我越来越感到电子邮件的冰冷，通过它看不到您端正的字体，闻不到您写字时遗留下的味道，也看不见那枚令人怦然心动的邮票。通信发达了，但我还是留恋写信的方式，这也是为了那美丽的邮票，所以要求您恢复了信件通信。

时间流逝，一个千年之交过去了，很快又到了中秋节，忽闻邮政又增加了新业务，给亲人代送鲜花，我高兴极了，马上取出我平时积攒的零花钱到邮局订购一束鲜花，再附上一封亲笔信，今年一定要给您一个惊喜。没想到，就在同一天我也收到了同样的惊喜——亲切的邮政服务员手捧一束带着西北味儿的欣欣向荣的鲜花和信，出现在家门口，他亲切真挚的祝福和和蔼的笑脸，怎么都不能不让我想起您。中秋这一天晚上，我又拿出了珍藏九年的集邮册和明信片，一页一页地掀开，一枚一枚地欣赏，大西北的风光又浮现在我的眼前。我不懂邮票的价值，但我赞赏它们的美丽，同样，我不在乎爸爸的工作成果，但我在乎您对我们的爱。盼望，给我们带来了希望，带来了远方的信息,也让我成熟。

我忍不住要称赞这邮政事业,它真是伟大的创举,无论战争年代还是和平年代,它都带给人们希望,用真实的感情传达异地之间的信息,淳朴、无私,让您和我互相理解。爸爸,让我们共同祝愿邮政事业永远发展下去。

爸爸啊!什么时候能盼到您再次回来呢?我会用那本集邮册来迎接您的。

此致

敬礼!

永远爱你的女儿:泉<br>2001.11.20

(注:本文获第三届邮政杯作文比赛一等奖第一名)

【点评】 选材精当是本文最大的特点,作者不是介绍邮票的发展历史,不是描写邮票的品种数量,不是说明邮票的知识,而是通过邮票传递了父女亲情,展现了"我"的父亲忘我工作的精神面貌。

# 4.2　议论文选材

主题的表达方式常常因文体而有异,因而在不同文体的文章中,对主题有不同的说法。文学作品中,主题一般称"主题思想",或简称为"主题"。它指的是作者在作品中通过全部题材的叙述和描写,所体现出来的主要思想,或从中折射、透露出来的某种情趣、意向、格调、氛围等。主题是文章的核心,主题是文章的灵魂,主题是文章的统帅。主题决定材料取舍:生活中存在的大量材料往往是分散的、缺乏活力的、彼此孤立的。只有根据主题的表达需要,对材料进行取舍和提炼,它们才能变成典型的、富有生命力的、表现主题的有机组成部分。

材料工作大抵分为四步:集中占有材料,鉴定材料,围绕中心选择材料,围绕中心发掘材料。具体说来,以下几种做法比较可取:

## 一、避同求异，独特出众

"文章随世运，无日不趋新。"好的文章第一特点就是新。唯有新，才能紧扣时代脉搏，贴近现实生活，激发人们对生活的热情。生活五彩缤纷，信息瞬息万变。素质教育、知识经济、中国"入世"、澳门回归、高校扩招、网上学校、三峡工程、工人下岗、干部分流、减轻农业税等社会浪潮一浪接一浪，我们应捕捉新信息，写成新文章。有些材料人人皆知，当同学们就同一题目写作文时，许多人往往会不约而同地想到这些材料。用雷同的材料写出来的文章往往是人云亦云，千人一面，缺少新意。因此，选材时要尽量避开人们容易想到的材料，尽量选取别人不容易或不能够想到的材料。材料新颖独特，文章才能引人入胜。

要捕捉新题材，首先要开放思想。一些同学"两耳不闻窗外事"，那自然发现不了什么新东西。其次要深入思考。新事物在社会上刚一出现，人们往往会疑虑重重，对其发展前景，以及对社会生活产生的影响难以预料，所以要写新事物，就必须对其进行深入仔细的分析思考，从而作出自己的判断，写出自己独到的看法。此外，还要写出动情点，不能空发议论，大喊口号，以"假大空"吓人。要善于从大处着眼，从小处着笔；立足点要高，开口度要小。让小窗口映照出大社会，小事物折射出深道理。

"文章最忌随人后"，要想在千百篇作文中脱颖而出，文章一定要有新意，要独辟蹊径，要有科学的、与众不同的见地，文章要敢于标新立异，突破思维定式，保持思维的广阔性，"思接千载，视通万里"。立意不断，即使是新题材，也会流入"大路货"；立意新颖，即使是旧题材，也会翻出新意来。这就要靠你的新思维。

要想有新的、与时俱进的材料，就要做一个跟进时代的人，抓住一切可利用的信息，这些可能是身边发生的小事，也可能是社会上发生的重大事件，但无论大小事情，都需要我们留心加以积累。

## 二、选材典型，搭配合理

选择出来的材料要有典型性，要有说服力，还要把合适的材料搭配起来。通过不同材料的搭配、组合，可以形成表现主题的"合力"，取得上佳的表达效果。比如，可以是主辅搭配，展示面广；可以是同类列举,凸现主旨;可以是正反对比,强调差异;等等。注意:搭配时,要考虑各自不同的代表性。那么,如何搭配这些材料呢？有这样的原则需要注意:

1. 选例合适,叙述恰当。选例的原则是史实要能和观点相吻合。例要真实,不编造杜撰;要选典型,尽量选名人名事;可选一例,也可选多例,但不是多多益善,力求以少胜多。一般来说,高中学生800～900 字的作文,以两三个事例为宜。

2. 叙述史实,可以具体,更要概括。对尽人皆知的,要概括叙述;对人们不熟悉的要具体叙述。可以详细叙述一个事实,展开想象,精心描绘,也可以通过几个简明的片断,扼要概述。

3. 对议论文而言,叙述史实后,还要加以分析阐释,不能以例代议。分析可以是一段话,也可以是一两句话。可以在叙述事例之前,也可以在叙述事例之后。这里所说的分析,就是指对事例发表议论,使事例论据与论点融为一体,更好地起到证明论点的作用,充分显露事例与论点的关系,使论点立于不败之地。

4. 事实有好几个,还要合理安排好先后顺序。原则上是从古到今,从国内到国外(也可以从国外到国内)。总之,所用的例子一定要能够确切有力地说明观点,或鲜明或暗含。

## 三、素材挖掘要有深度,体现时代特征

文章要表达思想。思想健康的文章才能给人积极的影响。考试作文的思想内容必须与社会的价值取向保持一致,才能得到大家的认同因此,把时代的影子照下来。社会在发展,生活在改变,新事物、新话题层出不穷,选材应当与时俱进,作文才具有时代感。平时要关注社会热点,关心时事新闻,这样,就能为文章引入具有时代特征的新材料、新景象、新理念。我们不大可能从宏观上去表现这个时代,但是,我们完全可以通过日常生活中的事情折射出时代的变迁。我们在校园、家庭、社会等现实生活中,必然会看到和听到许许多多的事,加上自己的亲身经历,作文素材是很多的。我们要从中发现那些新颖的材料。有些现象或变化可能很不起眼,但如果能抓住关键深究下去,就会发掘出新颖的材料来。有些材料内涵丰富,"横看成岭侧成峰,远近高低各不同"。这样的材料,即使不是新的,但如果能从新的角度来点化、引申,用来表现新的主题,也能出奇制胜,让人耳目

一新。《让纪念闪耀理性光芒》(2005 年全国高考Ⅲ卷满分作文)一文,作者为了说明"纪念需要用行动来升华,更需要理性的引导"这一中心论点,选取了德国人在六十年里不断地反思,不停地纪念,终于完成了灵魂的自我救赎,向世界展示理性的力量,赢得了世人的尊敬;日本偏离理性范畴的一些"纪念"活动,受到各国人民的一致谴责……作者所引材料恰当、充实,并十分典型,安排材料也颇具匠心,先正后反,由外而中,分析中肯,论证有力,说理透彻,令人信服。

# 4.3　话题作文选材

　　话题作文不同于记叙文和议论文,话题作文写作范围门户大开,所给"话题"只不过是个引发思维的起点,以"话题"为定点向周围发散,话题是触发点,是引爆点,由这一点可以辐射出若干条直线,信息量大,引发考生做纵向、横向、顺向、逆向、侧向、分聚等聚合材料,话题作文实质是让考生在同一个谈话中心下,叙述各自的不同生活经历,表达各种不同的生活体验,抑或发表各自从不同角度、不同层面、不同立场所产生的观点与见解等,你可以充分打开记忆的仓库,写你的经历、体验、感受、看法和信念,你可以抒写心得,纵论古今,甚至可以虚构故事,展开联想,阐发议论,也可以借此为依托抒情。"精骛八极,心游万仞",见仁见智,视野开阔,多向思考,也有利于向深层次开掘,寻求最佳的材料组合。从而写出立意新颖、见解独到、别具一格的文章来。

　　话题作文选材与记叙文、议论文大同小异,但有如下四点做法比较可取。

## 一、选材的第一步:广博联想

　　广博联想就是全方位多层次的立体联想。当你面对着话题时,先暂时不要管文体,你可由自己想到他人、想到家庭、想到社会;从现在想到过去、想到古代、想到革命历程;由中国想到外国;由人类想到物种;由现实想到未来;由地上想到天上;由人想到神、想到鬼;由课本上学到的想到广播里听到的,想到图书报刊、电视上看到的;想到东西南北,古今中外,可谓"思接千载,视通万里"这样,潜藏在大脑中记忆的大门打开了,过去看到过或听到过的种种人、事、情、景……就会滔滔滚滚奔涌而至,往日学过的知识就会扑面而来,这时,材料任你选,观点任你挑:生"材"有道,"材"源茂盛,何愁"无米下炊",经过这番思索之后,写出的文章,必然思路开阔、涵盖面广,内容充实、生动活泼。

例如,1988 年高考作文的命题《习惯》,面对着"习惯"两个字,你会想到自己的、他人的、家庭的乃至民族的好习惯、坏习惯或不好也不坏的习惯,比如:

(1)好的习惯,如学习上的晨读、晚背、认真听讲、按时复习、认真对待每次考试;制订学习计划,及时总结经验教训,每天记日记,浏览报刊,广泛涉猎,写阅读笔记,记观察体会等。又如,为人品德上的忍让、宽容、乐于助人、见义勇为、清廉不贪、刚正不阿、拼命硬干、不讲享受、遇事为别人打算。其他如珍惜时间、独立自主、坚持原则等。

(2)坏的习惯,如抽烟、喝酒、大吃大喝、聊天、走后门、贪财、吃零食、睡懒觉、电视瘾,考试作弊,抄别人作业,课上爱做小动作,上课说话,起哄打架,说话刻薄,好奉承人,好拍马溜须,好挑拨是非,好传播小道消息,随地吐痰。不爱护公物,做事瞻前顾后,好怀疑别人,不讲信用,说过就忘,"国骂"不离口……

(3)不好也不坏的习惯,如爱在雨中行,爱当"发烧友",爱钻"牛角尖",爱开玩笑,要钱没商量……除此之外,还可以想到熟悉的名人事迹,流行的金玉良言、警策妙语等。

广博联想的运思过程,大体上要经过"面"、"线"、"点"三个阶段。这里,我们以"砖头"为例,来谈广博联想的全部流程。

【示范一】 面对砖头,我们的思维要尽量发散开,上天入地,天马行空,古今中外,什么都可以想,从"面"上考虑,可以从相关、相似、相反等多方面去联想:

——砖头方方正正,有棱有角,不像鹅卵石那样圆滑世故。

——砖头出自平凡,普通的泥土是它们的原形。

——砖头经历过"火热"的锻炼才能具有受得重压、经得起风雨的铮铮铁骨。

——砖头服从分配,无论用它筑亭、建楼,还是铺路奠基,它都在所不惜,毫无怨言。

——砖头最讲团结,它与兄弟姐妹一起手拉手,肩并肩,紧密合作,才能建成高耸入云的大厦。

也可以从反面去想:砖头忘了泥土是自己的前身,忘了孕育自己的大地,一心追求高升,总想摆脱泥土的气息,为了高升,它不惜踩在同伴肩上,傲视一切,不可一世,总有一天,它会倒入大地,重新化为泥土。

再想一条线,在砖头的联想中,如果我们选择了砖头的奉献精神,服从分配的特点和默默无闻的品格就很难写出新意,因为多少年来,人们赞蜜蜂,颂红烛,咏青松,夸黄牛……已基本上包括了砖头的这些精神品格,"吃别人嚼过的馍没味道",这方面可舍弃。那么,一捧泥巴怎样成为坚强、耐压、不畏风雨的砖头,则是一个有意义的话题,我们的思维就可以循着这条线索连贯地思索下去:

——黄土加上适量的水,不断地受"践踏"才能黏结,用它制成的坯子才没有裂缝。

——踩黏的泥巴要放在模子中才能定型,没有砖模这个框的约束,再好的泥巴也不能成为大小一致的砖坯子。

——坯子制成后还要经过一段时间的凉干,待干透后才能装窑烧制,烧透后才能出窑。

最后想一个点。"文章合为时而著",要高扬时代的主旋律,要弘扬正气。对社会上的阴暗面要有正确的认识,正如高尔基所说:"在阳光最明朗的日子里,脏东西和烂东西总是格外显眼,但是经常有这种情况,我们过分地把注意力集中在与美好希望背道而驰的事实上,就看不到阳光,就感觉不到它那滋生万物的力量了。"我们应去写那些使我们高兴的好事。如在作文中写一大堆牢骚话,只能反映考生思想的不成熟。

一篇议论文最好能针对当时生活中的某个热点来谈。而不是无的放矢地玩文字游戏。因此,从某一事物中提出的观点,如果不能结合社会问题来谈,还不是一篇佳作。我们从砖的联想中理出了一条有关砖的产生过程的思路,并将砖头产生过程的思考投射到青少年成长过程的问题上来。

——一个青少年要想成为有用的人才,就需不断地加强自身的思想修养,努力学习马列主义,遵纪守法。周总理曾说:"马克思主义是有框子的,我们并不一般地反对框子。"如果自由放荡,就会成为无益于社会的"畸形儿",甚至还会滑到资产阶级自由化上去。

压力使黏泥成为四方齐全,结构紧密的砖坯,一个人才成就的大小往往取决于他能承受的压力的大小,成大"器"的还须有"万吨水压机"。一个青年要能经受住来自生活、事业等方面的压力,松松垮垮,害怕压力,是不能成材的。

——烧炼使土坯变成砖头,这是质的变化,一个青少年即使先天条件、后天条件再好,不经过反复锻炼也只能停留在"坯子"的阶段,只有经受锻炼,才能成为建设社会主义大厦的有用人材。

## 二、选材的第二步:根据文体要求,想象创造

从联想中筛选出的材料还只是模糊的,意向不明,甚至是粗糙的,只有经过加工才能成为鲜明可感的东西。正像和氏之璧,未理之前只是一块石头,无人赏识,经过加工之后才放出耀眼的光芒,成为无价之宝。画上之龙,只有添加云雾,才能给人以生动逼真的欲飞之感。这里需要有两个能力,第一是改造能力,即将原材料中不合意旨、不合文体的因素删除,增加与意旨、文体吻合的因素;第二是加工能力,即对原材料增枝加叶,使之成为具体可感的东西。例如1991年高考作文《近墨者黑》有一考生引了这样的材料:"鲁迅是从地地道道的旧家庭过来的,他起先憎恶熟识那个旧阶级,从而认识到唯新兴的无产者才有将来,于是他杀回马枪,向着原属于他的阶级进攻,进行起改造那旧阶级的斗争。从他身上不正表现出近墨者未必黑吗?"在这里作者摒弃了鲁迅其他方面的事迹,而选择了他的出身和斗争对象这一点,并通过改造,从而突出了意旨。第三是分析比较能力。就是要对所占有的原始材料进行分析和比较,从中选择出能够表现中心思想的材料,想好自己在要写的文章中表达什么样的思想、观点或说明什么问题,也就是要明确自己所要表达的主题。一般来说,在中心思想确定之后,写作时都会在中心思想的激发下联想起种种材料。这些材料有些与中心思想关系密切,有些则不一定密切;有些是主要的,有些则可能是次要的。这就需要对这些材料进行分析和比较,通过鉴别保留那些与中心思想关系密切的、主要的材料,去除那些与中心思想关系不大的、次要的材料。这样,我们就得到了表现中心思想所需要的材料。

在写作中,考生要展示自己想象的才识,就必须具有琢玉和画云的能力,既要敢于大胆删除,以突出主要部位,又要用全部身心去体验对象,把自己设置在这种情景之中,借着自己的想象和对生活的体验,去为材料添云加雾,布置环境,以增加形象的生动性和可感性。这样,在遵循真实可信的基础上,就可把材料的重点突出,甚至色彩、线条、形状等形象信息摄入阅卷者的大脑,从而产生使人信服的效应。

## 三、选材的第三步:人无我有,人有我奇

文章的题材之新是相对的,不光指时间意义上的新。凡是别人不熟悉而唯独你熟悉的事,那都是新的。一个人生活的特殊环境和独特的经历,都可以作为文章新颖的题材。比如,山区的孩子登山采药,下河捉鱼,这对城市孩子就是新的;而城市里的孩子坐人力车,上流动厕所对山区的孩子却是新。人类社会在不断地发展变化,新陈代谢永远也不会停止。这为作文话题提供了取之不尽的源泉。

猎取新奇,追求细小,是选材产生魅力的途径。唯其新,才能引人入胜;唯其小,才能小中见大,巧中见新。而要选出这种"新"、"小"的题材,一是靠平时留心,注意报刊上的最新报道,最新成果,新奇事件;二是靠临场筛选,即把通过联想来的材料加以比较分析,从比较中找出最切题意,最合时代精神,最能反映事物本质规律,而且自己最熟悉别人可能考虑不到的材料。只有如此,才能写出内容新鲜的文章,从而收到理想的效果。有些考生作文时老在旧的材料上兜圈子,某些材料老子用了儿子用,张三用了李四用,"涛声依旧",让人兴味索然。

在一篇题为《珍贵的"对手"》的文章中写有这样一个材料:日本的北海道出产一种味道珍奇的鲤鱼,海边渔村的渔民都以捕捞鲤鱼为主,鲤鱼的生命非常脆弱,只要一离开深海区,要不了半天就会全部死亡。奇怪的是有一位老渔民天天出海捕捞鲤鱼,返回岸边后,他的鲤鱼总是活蹦乱跳的,而其他捕捞鲤鱼的渔民,无论如何捕捞到的鲤鱼,回港后都全是死的。由于鲜活的鲤鱼价值要比死亡的鲤鱼几乎贵出一倍以上,所以没几年工夫,老渔民一家便成了远近闻名的富翁。周围的渔民做着同样的营生,却一直只能维持简单的温饱。老渔民在临终之时,把秘诀传授给儿子,原来,老渔民使鲤鱼不死的秘诀,就是在整仓的鲤鱼中,放进几条叫狗鱼的杂鱼。鲤鱼与狗鱼非但

不是同类,还是出名的"对头"。几条势单力薄的狗鱼遇到成仓的对手,便惊慌地在鲤鱼堆里四处乱蹿,这样一来,反而倒把满满一船舱死气沉沉的鲤鱼全给激活了。

由于鲜活,鲤鱼价值贵出一倍以上,作文素材又何尝不是如此呢?

## 四、选材的第四步:收光聚焦,点"材"成金

这是指将所有材料的共同特点归结在一起,凝练成一个鲜明的观点或发人深省的问题,进而深化全文的意旨,使文章进入一个新的、更高的境界。也就是对所选取的材料进行再加工,使其更真实、更典型。第一步所得到的材料虽然可以用来表达中心思想,但它本身仍是原始的、粗糙的。为了使所选取的材料更真实、更典型,从而能够更充实、更有力地表现中心思想,这就需要对它进行再加工,再提炼。这个过程,就是对原材料加以比较分析进行去粗取精、去伪存真的改造制作过程。从比较中找出最切题意,最合时代精神,最能反映事物本质规律,而且自己最熟悉,别人可能考虑不到的材料,经过这样的思维加工,使原材料舍弃了那些偶然的、表面的、片面的、枝节的成分,保留了最有代表性的、最富有特征性的、最能够反映事物本质和规律的成分,这是对原材料质的进一步改造。由于这些材料具有更高的真实性和典型性,因而也就更有效地突出了文章的中心思想。

材料是文章的血肉,选用什么样的材料,对文章有无高的境界至关重要,文章要有高的境界,必须收光聚焦。所谓收光聚焦,即所选材料有较高尚的情趣和审美趣味,能给人美的享受,使其更真实、更典型。前几步所得到的材料虽然可以用来表现中心思想,但它本身仍是原始的、粗糙的。

有的同学在审题时往往不注意题目中暗含的对这一方面的要求,选材不够认真,文章的格调不高。1995 年高考作文要求根据一个圆想象作文,有些同学想象的画面机械呆板,毫无生气和美感。有一考生写道:"夏天的一个中午,我去民生大楼。路过十字路口,看到交通警察站的那个岗楼是圆的。进了民生大楼,迎面碰见一女售货员,她的脸也是圆的。她的背后,摆的一排排脸盆,都是圆的。另一边商品背后是一幅大广告画,画着一个运动员在溜旱冰,他的背弓成

了半个圆,脚下也仿佛滑出了半个圆,这时候来了一个小经理,他的头也是圆圆的,眼睛也是圆圆的。"且不说他写了这么多的"圆"违背了命题的要求,就是所写的内容,也没有一点美感,流露出的感情也格调不高。

如何在选材上做到以上四点呢,我们以"变化"和"善待"为话题,帮助学生分析选材的特点。

【示范二】 以"变化"为题,同学们大多会以自己家住房的改变,餐桌上美味的增加,家乡的变化,交通工具的升级等来反映"变化",这就不够新。家乡的变化,是同学们比较常用的题材,可是,如果仅仅描写了楼房、公路、家用电器的改变,材料还是太旧了。引人注目的是那些无人涉足的新奇材料,例如:①到城市打工的人回家种田啦—探究原因—农业税取消—调动农民的积极性。②农民穿着皮鞋种田—农村种田新技术如"摔秧"的普及推广。③农民开着小车、骑着摩托车种田。④还有一位同学留意了爷爷的烟斗的变化:爷爷最先用的是又粗糙又难看的竹蔸做成的烟斗,接着换成了漆得乌黑发亮、看上去很有"派头"的木制烟斗,最后爷爷抽起了"过滤嘴",烟斗"退休"了。⑤农民在网上交易,学习电脑技术空前高涨……这小而平常的一系列变化,不正反映了改革开放以来社会的巨大变化吗?由此想开去,如果能反映人们精神上的改变不是具有更大的意义吗?例如:①人们如何抢着赡养老人。②吝啬鬼变成了大度佛,在汶川地震中捐出个人资产,原来,老人加入养老协会,养老没有后顾之忧。③人们精神上的改变,对公益事业的热心。④子女对孤寡老人再婚不再横加指责,热心操办老人的婚事。⑤农村姑娘用书籍作陪嫁。⑥我的一个学生是这样处理材料的:她回到故乡—看到人们围着布告—布告上写着参军事项—我的不屑—回想改革开放之初人们怎么逃避参军服兵役—现在人们的议论—富裕了,要为国家输送优秀的人才—富裕后的普通国民的思想观念—点题。

如此想开去,由农村想到城市,想到自己熟悉的材料;由物质想到精神,从自己熟悉的生活出发,写自己耳闻目睹或亲身经历或自己熟悉的人和事。我们的作文何愁没有材料呢?何愁无米下炊呢?

【示范三】 请以"善待"为话题,写一篇600字以上的作文。题目自拟,文体不限。

拿到题目,面对话题,请想一想:什么是善待?为什么要善待?

应该善待谁？谁没有善待他人？怎么样善待他人？要不要善待自己？这些问题想清楚了，你不妨从正反两个方面看看能找到哪些材料，从历史和现实的角度找到哪些材料。注意：写作前一定要先确立主题，然后再围绕主题选取合适的材料。为了丰富文章的材料，可以将生活中的诸多现象，将自己围绕某一件事追溯、推测出的前因后果，将平时积累的名言、典故，将记忆、想象中的情景等，信手拈来为我所用。

再想开去，你会想到：善待父母，用孝心回报养育之恩；善待老人，用体贴温暖他们的心；善待孩子，用关怀帮助成长；善待弱者，在扶助中送去爱心；善待对手，在公平中友好竞争；善待自然，在呵护中和谐共存……用这样的胸怀、这样的准则来为人处世，就能营造一种良好的环境，得到和谐共存的局面。

总之，话题作文就是要求写作者在话题的范围之内，以自己熟悉的文体，写自己熟悉的生活或材料，充分调动联想与想象，表达自己真实的思想和感情。

# 构思思维技巧

## ——千古文章意为高

宋代有一个李秀才,他的女儿能读会写,远近闻名。一次,有人在路上拾到一枚破铜钱,铜钱上依稀刻着"开元"二字。开元是唐玄宗的年号,这枚铜钱当然就是唐代的了。恰巧这时,李秀才的女儿经过这里,拾钱人对她说:"请用破钱为题作一首诗吧。"女孩儿接过铜钱,沉思了一会儿,吟诵道:"半轮残月掩尘埃,依稀犹有开元字;想得清光未破时,买尽人间不平事。"围观的人先是一愣,随即齐声喝彩,连连夸赞小女孩儿才思敏捷,诗歌意义深远。

一枚破铜钱,在别人看来,不管怎样观察,也不容易写出好诗来,这个女孩儿却运用联想,表现了一个深刻的中心。诗的头两句写实,后两句写虚。作者通过描述一个破铜钱,揭露了不合理社会的金钱万能的本质。

## 5.1 立意的原则

"立意"在《现代汉语词典》中解释为确定(作文、绘画)主题。指作者对客观事物的认识、评价和主要写作意图,是处理情、志、理的主宰。在议论文中,一般称为中心论点;在记叙文中往往称为中心思想,而在小说、诗歌中又称为主题或主旨。"立意"就是确立文章的主题,即文章所要表达的基本思想。"意"就是旨意,它指的是文章的主旨,主题。主题是文章的核心、灵魂和统帅,其好坏直接影响和决定文章的成败。还应特别指出的是,"立意"中的"意"不可狭义地理解为"思想"及"政治思想",它还可以指一种情绪、一种心境,或表现为一种"理"或"趣",一种"美"。

立意在文章中很重要。能够做到"于无足轻重的东西之中见出最高度的深刻意义,就连信手拈来,没有秩序的零零散散的东西也具有深刻的内在联系,放出精神的火花"。① 歌德说过:"一个最好标志就在于选择题材之后,能把它加以发挥,从而使得大家承认压根儿想不到在这个题材里发现了那么多的东西。"②王献之说:"无论诗歌与长行文字,俱以意为主。意犹帅也,无帅之兵,谓之乌合。"这里的"意"就是我们通常所说的"主题"。没有一个明确的"意",犹如兵之无帅,人之无神,只剩下一盘散沙,一具躯壳,也就没有了战斗力,没有了生命力。文学家王若虚说:"文章以意为主,词语为之役。"史学家范晔也说过:"常谓情态所托,故当以意为主,以文传意。以意为主,则其旨必见;以文传意,则其词不流,然后抽其芬芳,振其金石耳。"唐代杜牧在《答庄充书》中说:"凡为文以意为主,以气为辅,以辞采章句为之兵卫。"这些是古人的论述。一代伟人毛泽东也说过:"我们写一篇文章,总得提出一个什么问题,接着加以分析,然后综合起来,指明问题的实质,给以解决的方法。"③可见,"意"是文章的思想,是文章的灵魂,统率着全篇的内容。

立意的形成是一个复杂的思维过程,要对大量的素材反复琢磨,反复锤炼,在作者主观感情、思想和认识与生活素材完全融和才能获得。要想立意独出机杼、招人青睐,就应当力戒思维的惰性。少受别人的约束,避免模式化,拒绝假大空,写自己深刻的思想,特别是在立意上要侧重于向纵深和异向开掘。

---

① 黑格尔:《美学》(第 2 卷),商务印书馆 1982 年,第 374 页。
② 《歌德格言和感想集》,第 76 页。
③ 中学课本《反对党八股》。

对高中尤其是高三学生而言,忽然面对揭封解密的作文材料或题目,如何在最短的时间内找到并确立最为恰当的"意",是作文考试成功的前提。这就需要在立意方面给出方法,拓宽思路,反复演练。凡是作文,作者总要有个写作意图,你想告诉读者什么? 想和对方交流什么样的思想、感情? 这些意图用语言表述出来,使之清晰、明确、凝练、凸显的过程就是立意。

什么样的立意才算好呢? 符合以下六个要求的立意算高远:准确、深刻、新颖、集中、有时代感、格调高。

准确,指文意能体现出事物的本质,准确无误地揭示出事物的内涵,与题材高度统一。一是思想内容正确,二是文章的立意要符合题意的要求,即切题。落笔前一定要弄清楚自己在文章中要提倡什么,反对什么,歌颂什么,鞭挞什么,衡量文意是否准确的尺度,就是检验作者能否在复杂的客观事物中敏锐地发现本质,能否从繁复的素材中准确地归结出要点。

有人称牛顿是伟大的科学家,牛顿却说:"我只是站在巨人的肩上。"牛顿是站在前人实践这个巨人的肩头上去摘取更高处的科学成果的。推而广之,人类的一切成就都是站在巨人的肩头上取得的。

下面是从上面这则材料概括提炼出来的几个观点,请指出哪一个论点最准确?

A. 虚心学习前人,是取得成功的根本条件。

B. 虚心学习前人,大胆地创新,是取得成功的必由之路。

C. 没有创新精神,就不可能有发明创造。

D. 要想取得成功,必须找到一个"巨人"帮助。

论点最准确的是 B 项,因为语段有两层含义,一是"站在前人实践这个巨人的肩头上";二是"摘取更高处的科学成果"。前者是"虚心学习前人",后者指"大胆创新"。

深刻,所谓深刻,就是不仅要描绘一种生活现象,而且要揭示出这种生活现象的本质意义,这种意义带有一定的普遍性,能够给人以生命的启迪。文意有思想深度,能挖掘对象的底蕴,不仅不被复杂纷纭的表象所掩盖着,而且自身的存在也是多层次的,能在一般人认识上再进一步,能发现别人没有发现的那一点,并能给人以启示。高考考纲"发展等级要求"第一条就是"深刻透彻",一般指透过现象深入本质去挖掘其内在的本质,揭示问题产生的原因,预示事物发展的方向以及趋向或成果,思考出对人生,对社会有意义和价值的东西。

新颖,指文意有所创新,有所突破,给人一种新鲜感和未曾相识的愉悦,以作者新的认识、新的观点、新的角度,使读者获得新的启发,新的教益。独创之意,应无所傍依,真正是"词必已出,意自心来"。清代大画家郑板桥曾有一句诗:"领异标新二月花。"意思是文章应像二月的春花一样,标新立异。英国文学家王尔德也曾说过:"第一个把女子比作花的是天才,第二个是庸才,第三个那简直是蠢材了。"常事见常理,这是"正常"的思维。常事见新义,换一种角度思考,换一种眼光看问题,这是创新思维。议论文常因新颖的见解而高出他文一筹,给人耳目一新的感觉。这里的"新颖"通常有三层含义,一是于常事中见出别人看不出的事理,别人只看到人所共知的,他却看到其他角度的,这可谓之"博";二是于常事中见出别人看不到的深度,别人只看到表面,他却看到实质,这可谓之"深";三是于常事中看到与别人看到相反的事理,别人按"正常"的思维想,他却看出蕴涵在"正常"之外的意思,这可谓之"新"。

作者必须有求异和突破的观察力、思索力和判断力,运用逆向思维,反弹琵琶的手法,才能达到新颖。作家王蒙说:"从司空见惯的东西中,发现新的东西,发现特别强烈、新奇的东西,从一些细枝末节中发现那些具有重大时代意义的事物。"平时人们说"一心不可二用",而你却说"一心可以二用",还能讲出很多科学道理来,那你的立意就是新颖的,就如古人所说的"文章要自出机杼,成一家风骨"。

集中,指一篇文章无论长短,都要围绕一个中心加以生发、阐述、议论、描写,文意要简明单纯,一文一意,不可因"意"多而乱"文"。报告文学大师魏巍说:"一篇文章的目的性,要简单明确。一篇短东西能把一个意思说透,的确不是一件容易的事,可是动起笔来,又总爱面面俱到,想告诉大家这个,又想告诉大家那个,结果呢? 哪个也没有说透,说明确,更别说深入地解决问题了。因为哪个也没有说透,怎么给人以深刻的印象呢?"

有时代感,立意高远的文章往往紧扣时代的脉搏。白居易倡导朴实文风,曾说"文章合为时而著,歌诗合为事而作。"的确,写文章不与自身相关,不与当时相关,不与当时之事相关,只能是无病呻吟。

# 5.2　记叙文立意构思

## 一、记叙文立意

一篇文章的成败,立意是关键。所谓"立意",就是确立文章的中心意思(也称为中心思想、主题或主旨)。记叙文的立意,是指通过记人、叙事、写景、状物所表现出来的对生活的认识、感受和评价。鲁迅先生曾说,他的写作过程是"静观默察,烂熟于心,然后凝神结想,一挥而就"的。记叙文的立意的要求与议论文大致相同,但由于文体不同,又各有特点:记叙文的文体样式多于议论文,如写人、叙事、抒情的散文、小小说、剧本等,其立意或显或隐,由于构思选材时多用形象思维,记叙文要做到内容充实,必须认真构思。一是选材要典型,所选材料除了能为中心服务之外,还要能表现出高中学生的文化底蕴。

1. 立意要真。就是说主题要真实准确,明白无误。从朱自清先生的作品——《背影》来看,表现的中心是家境困顿中的父子真情,父亲那一"攀"、一"缩"、一"倾"的动作,让多少读者伴着作者一道流下感动的泪;《春》,描摹的则是春草、春花、春风、春雨等实景,文中体现的主旨是对"春"的由衷喜爱赞美之情……这些文章的"立意"都显得真实可感,鲜明生动。

2. 立意贵新。就是说主题要新颖别致、凸显个性。拿绘画作比,宋朝招考宫廷画师,曾先后出过两个题目:《深山藏古寺》和《踏花归来马蹄香》。分别有两幅画胜出,一幅画的是崇山峻岭之中,一条小径曲曲折折,一股清泉飞流直下,一个老态龙钟的和尚,正挑了水桶在泉边舀水;另一幅画的是一匹骏马奋蹄疾驰,马蹄边飞舞着几只小蜜蜂。多么新巧的"立意"!画中没有寺,但那泉边舀水的老和尚却让人分明感到深山中藏着的古寺;画中没有花,但那追逐马蹄的小蜜蜂却使人依稀嗅到踏花处散发的花香。写文章也是一样,只要"立意"一新,就会"妙文"顿出。

3. 立意求深。就是说主题要深刻厚重,蕴涵道理。以课文为例,像莫怀戚的《散步》,记叙的是一家人的一次户外散步,却阐发出

"家庭中的生命责任意识"这样的中心；再如冯骥才的《珍珠鸟》，在抒写对小珍珠鸟的喜爱之情中，自然地生发出"信赖，往往创造出美好的境界"这样的主题……这些文章都是从平常生活中挖掘出了深刻的道理，以小见大，平中见奇。应该说，深刻的"立意"是我们作文的永恒追求。

以 2006 年北京高考作文《北京的符号》为例。

许多城市都有能代表其文化特征并具有传承价值的事物，这些事物可以称做该城市的符号。故宫、四合院是北京的符号；天桥的杂耍、胡同小贩的吆喝是北京的符号；琉璃厂的书画、老舍的作品是北京的符号；王府井商业街、中关村科技园是北京的符号……随着时代的发展，今后还会不断涌现出新的北京符号。保留以往的符号，创造新的符号，是北京人的心愿。

对此，请以"北京的符号"为题，写一篇文章，谈谈你的感受或看法。除诗歌外，文体不限，不少于 800 字。

这道高考作文题直接要求以"北京的符号"为题，题目的材料中已经提到了很多北京的具体符号，并且在材料的最后，命题者还有一句总结性的话"保留以往的符号，创造新的符号，是北京人的心愿"。据此，我们可以紧紧扣住"北京的符号"来构思成文。

符号本是一个抽象的概念，但它必然要落实至具体的事物上。那么有哪些具体的事物可以作为北京的符号？北京的建筑，包括古建筑和新建筑。

建筑是一个具体的事物，如果文章停留在罗列建筑的层次，文章必然显得没有深度，而且散乱不成结构。所以还需要从具象再到抽象古建筑是北京悠远历史的符号，新建筑是展示现在预见未来的符号，它们代表的都是北京的文化。

在此构思基础上如何升华主题呢？从个别到社会、民族。新建筑兴起的同时，老建筑也在走向衰落和消亡，这是一件越来越紧迫的事情。然而，既然北京的符号展现的是北京的文化，就应该努力保护好它们，也就是保护好我们的民族历史。

在思路的梳理过程中，结构和立意其实已经自然形成了。即：什么是北京的符号、北京的符号有什么意义、要保护好北京的符号。

记叙文立意的方法很多，比较常见的主要是以下三种：以小见大、托物咏志、寓情于景。

**以小见大** 生活中有许许多多的小事物,很不起眼,然善于观察、思考的人却能从中挖掘出深刻的哲理。《紫罗藤瀑布》写的是一树盛开的紫罗藤花。这样的花,在一般人的眼里平凡极了。但经过作者的挖掘,紫罗藤瀑布所蕴涵的深刻的思想便凸显出来:它铭刻着时代的印记,反映了社会的进步和文明的苏醒,阐发了花和人的不幸会时常有之,而生命的长河则永动不息。

**托物咏志** 通过对自然景物的特点、特征的细致描绘,抒发自己真挚的情感。《白杨礼赞》就是通过对北方白杨树"倔强挺立"、"不屈不挠"精神的描写,联想到"北方的农民",联想到"枝枝叶叶靠紧团结,力求上进的白杨树,宛然象征了今天在华北中原纵横决荡,用血写出中国历史的那种精神和意志"。作者借赞美白杨树,礼赞了中国共产党及其领导下的广大抗日军民的精神。

**寓情于景** 巴金《繁星》中"海上看繁星"的描写,就是寓情于景。因为船行海上,离祖国、家乡越来越远。作者看繁星,和繁星融成一片,从而巧妙地透出一个游子孤寂、渺茫的心情:远离故国亲人,只能在繁星的怀抱里才能得到慰藉。

## 二、记叙文构思

所谓构思,指写作者在积累材料的基础上,按照写作要求及时有效地展开文章的思维活动。它是整个写作过程中最基础也是最重要的一环,包括选取提炼材料,酝酿确定主题,考虑人物活动及人物关系,设计情节,安排结构,以及探索最佳的表现形式等。"天织云锦用在我,裁剪妙处非刀尺。"精巧而新颖的构思往往是赢取读者青睐的最重要途径,也是作文创新的重要标志。善于谋篇,长于布局,精于筹划,巧于运思,不但是一种技巧,而且是一种艺术。它决定着一篇文章质量的高低。记叙文,主要确定好叙述的角度和叙述的线索,注意叙述顺序,时空转换,逻辑顺序和伏笔照应,还要注意叙议的过渡,前后的呼应,主次的分明等。由此可以归纳为四个"一"。

### (一)一波三折的情节

文似看山不喜平。记叙类文章,要在短短的 800 字中产生吸引人的魅力,构筑曲折的情节必不可少。倘若叙事类的文章(包括一般的记叙文、小小说等)行文如一马平川,读来便索然无味;波澜起伏,曲尽其妙,方能深深地吸引读者。构筑曲折的情节有以下几种方法。

### 1. 波折法

波折法指的是以故事的一波三折来增加文章的曲折美。满分作文《谁偷了我的羽毛》一开始就把我们带入了紧张的故事中:"哎呀,我的羽毛呢?"小孔雀一大早起来就叫开了,"你们谁看见我的羽毛了,我的羽毛到哪里去了呢?"小孔雀的羽毛到哪里去了呢?读到"小白兔低下了头,这使小孔雀更加坚定了她的想法",我们以为找到答案了,此为一折;作者接着笔锋一转,带出了小喜鹊。但小喜鹊并未帮小孔雀想出好办法,此为二折;于是小孔雀自己想出了找猫头鹰校长破案的方法,事情似乎是要结束了,但小喜鹊不知什么原因哭了,不管小孔雀怎么说,她就哭个不停,这是三折;小喜鹊到底哭什么?原来羽毛是小喜鹊拿的,故事到这里似乎真相大白,这是四折;这时文章奇峰突起——"小白兔得了绝症,她唯一的希望就是能穿一天你的羽毛,哪怕是一天,她也满足了。为了帮她实现愿望,我偷偷地拿了你的羽毛。本来想今天晚上放回去的,可是你这么执意去请猫头鹰校长。这样的话我和小白兔都要受罚了。"至此,我们方得出最终结论,文章一波三折,文心跌宕,情节引人入胜,确是一篇不可多得的好文章。

### 2. 揭穿法

揭穿法指的是用人物前后截然不同的表演揭穿人物性格的一种叙述方法。且看 2003 年满分作文《孙悟空下岗记》中唐僧面对孙悟空"怎么我也下岗呢?"的责问,唐僧先是作了这样的解释:"这是大家的决定嘛!也不是我一个人的意见。你也知道,我做这个差事也不容易……"并且还摆出师傅的架子教训孙悟空:"你看着你,在领导面前也是一张不服气的脸,像这个样子你怎么做事呀?你平常做得都挺好。只是你太不懂得变通了,得罪了不少天神,大家都多多少少对你有些意见,你不要太放在心上。你下了岗,就跟师傅我一起。以后还有机会。'水至清则无鱼,人至察则无徒'。这是师傅我给你的忠告呀!八戒和沙僧故无建树,但为人处世比你灵活得多,你要多向他们学习学习呀!"一派恨铁不成钢的样子,表现出作为长者对徒弟的无限关切。可当孙悟空转身还未走远,办公室就传出唐僧的笑声:"想当年,我赶走他,他还负气不理我,害我被那黄袍怪变为老虎,若不是我当年把他从五行山下救出,他能有今日?这个猴头真是太不知好歹了,还是八戒和沙僧对我忠心……"活灵活现的表演,借唐僧的形象活画出了现实中一部分人的可憎嘴脸。

### 3. 倒叙法

倒叙法指的是用倒叙的形式将人们引入过去的时段,从而增加曲折美的方法。把事件的结局或某个最突出的片断提在前边叙述,然后再从事件的开头进行叙述。它能够造成强烈、鲜明的印象,促使读者怀着悬念追看下文,穷根究底,感染力很强。满分作文《亲妻远贤终误我》先以简练的笔墨将我们带入那一段远古的历史:秋风萧瑟,月落残云。我的城飘扬着秦国的旗帜,我的皇宫飞扬着秦国的歌。以此为发端,作者站在楚王的角度进入了回忆:汨罗江上激起的水晕惊醒了幽禁在深宫的我,楚国的风吹起了浑噩的我。泪水飘洒在记忆的大门里……文章最后重新将我们由记忆拉回到现实:窗外,漆黑的幕布掩盖了大地,清风吹痛了迷失在感情亲疏之间的世人。倒叙法的运用,避免了行文的平铺直叙,增加了曲折美。

### 4. 误会法

误会法常为一些大作家所青睐。作家许行的一篇小小说《钱包》的情节是:他从饭店打完工,在回家的路上忽然被一个小个子男人撞了一下,他警觉地一摸裤兜,发现钱包没了。他立即用英语大叫:"Wallet,Wallet!"(钱包,钱包)那撞他的人不但没有停,反而加快脚步跑开了。他奋起直追,且边跑边用英语喊:"赶快站住,把钱包拿出来。"那撞他的人就更加慌张,跑得更快了。他以百米赛的速度猛追。就在他马上就要追上的时候,那个撞他的人扔下钱包跑了。当他打开钱包查看时,才发现钱包不是他的,里面有 800 多元美钞、几枚硬币和一张工资结算单。原来那个撞他的人也和他一样是在饭店里打工的。他看看自己的裤子才猛然想起,早晨起来时换了一条裤子,自己的钱包还在原来裤子的兜里。

《钱包》在构思上的巧妙之处,在于巧妙设置几个"谜团":(1)钱包被偷;(2)猛追绕树追;(3)追回的钱包才发现不是自己的。"追回钱包"的过程中,一步比一步猛烈的行动描写使文章达到情节高潮,于是,当作品的紧张气氛被渲染到顶点后,情节突然一个下跌反转,追回的钱包原来不是他的,而是对方的,前面的艺术铺垫的内容和后面作品实际达到的目的完全相反。这一个个谜团的设置,情节上的大开大阖,是吸引着读者看下去的重要因素。当你读完后才恍然大悟:原来如此！你定会被工人的酸甜苦辣所打动。

**【优作】**

## 最美的时刻

有人把美画在脸上，有人把美穿在身上，也有人把美藏在心里。

那天，我正坐在医院的走廊上，等候医生叫我的名字。走廊的一头传来温和的声音："大爷，您慢点，马上就到了，您坚持一会儿。"寻声望去，一位身穿白大褂、拖着长辫子的女护士，一只手扶着举步艰难的老人，一只手举着药水瓶正从我们面前走过，一直进了休息室。

"瞧！这大概就是有'红包'的特别护理吧！"

"听说过，但没享受过。"

"我看也不见得，特别护理应该在专用病房才是。"

"态度好一点，收入高一点，市场经济嘛！"……两个身影像一阵飓风，刮起各样的议论。

无独有偶，我居然就坐在老人身边打点滴。我刚坐下，那位护士阿姨就走了进来，手时拿着一个装着热水的瓶子，轻声说："大爷，输液时可能感到胳膊冷，您可以用热水瓶焐一下。"说完就帮老人把瓶子塞在袖口。

老人转动着舌头几次想说点什么，但仿佛过于激动，竟一句话也没说出。那位阿姨转身看着我，亲切地说："小同学，你就坐在老人身旁，老人说话走路都不方便，有事你帮忙叫一声好吗？"我连忙点点头。

其实，用不着我操心，护士阿姨在老人输一瓶液的时间内来往过好几次，又是为老人量体温，又是端水让老人吃药……老人药水输完，又是她来拔去针头。老人自始至终都把感激写在脸上，只是苦于表达不出来，护士阿姨从口袋里取出二十元钱，边塞给老人边说："我听收费处说了，你刚才付药费还欠一元钱，我已经替您付了，这二十元钱是给您乘车用的。"

老人一边摇头，一边发出含糊的声音，眼神中多了几分困惑。护士阿姨真诚地说："大爷，收下吧，我不为别的，我的父亲是军人，我的爱人是军人，看了您的病历，我知道您也曾是军人，您就把我当亲人吧！"

阿姨搀扶老人的背影消失在门口，我突然发现，那一刻是最美的。

**【评析】** 这个看似简单却十分精彩的故事情节是由一个巧设的"误会"来铺设的。"白衣天使"的热情服务多次招来了周围人的误会和猜疑。也正是这误会和猜疑,一步步推动故事的发展,最后揭出谜底。至此,你定会被她的真情所深深打动。主人公真诚的语言和真诚的关爱体现了她美丽的心灵。她的形象和众人的评价形成鲜明的对照,给人永恒的美的记忆。

(二)一锤定音的开头

叙述事件,刻画人物,是记人、叙事散文的基本内容或主要任务。事件的叙述,既要交待明白,起讫自然,能给人以清晰完整的印象。文章的开头,是一篇文章的脸面,这张脸孔是否漂亮,直接关系到读者对整篇文章阅读的兴趣。一篇文章的开头,如果是别开生面,新颖别致,就能够引人入胜。

1. 开门见山法

开门见山就是直截了当地落笔扣题。如冰心《樱花赞》开头的一段话,定下全篇文章的基调,即赞美樱花,赞美中日人民的友好情谊。开始用两个"首先",写凡到日本去的人总要"想起樱花""谈起樱花"。日本朋友接待客人的惋惜或挽留,也总是以樱花作为感情的纽带。樱花和"瑞雪灵峰"的富士山一样,是日本的象征,它联结着中日人民的友谊,这就是本文全篇的主旋律。文章从头到尾就是围绕这个主题来进行描述的。

运用这种开头方法作文,必须准确地把握文章的主题思想,也就是说既要根据材料确定好要表现的中心,又要准确地概括。这种开头方法的好处是:作文时可以随时考虑围绕中心描述,这样容易使文章的中心突出。读者读起来也容易抓住要领,掌握基本内容,深刻理解文章的主题。例如:

朋友,当你看见一堆堆垃圾高如小山,一条条溪河恶臭难闻,一股股有害气体毒害人体时,你的感想如何? 我那时气愤得想大声呼叫:"请关注人类的生存环境!"(选自 2002 年广东省中考满分文《我关注人类的生存环境》)

技巧点拨:考场议论文的写作一定要鲜明地亮出自己的观点。写作时开门见山,摆明态度,不失为一种普通但又实用的方法。这篇文章的开头采用设问的方式,一问一答,简洁有力,鲜明地亮出自己的观点,为下文展开议论打下了基础。

### 2. 抒情揭示法

如魏巍《谁是最可爱的人》,文章一开始就揭示了主题。但也有它自己的特点,即在抒发感情中步步深入地引入中心。文章开始就写了"我"无法抑制的思想感情——想把自己感受的一切都告诉祖国的朋友们。一个"但"字既写出了文章意思上的转折,更重要的是突出了要表达的重点:思想感情的一段重要经历。至此,文章虽然讲了"我越来越深刻地感觉到谁是最可爱的人",但并没有点明谁是最可爱的人。接着用"谁是最可爱的人呢?"这个设问句进一步引起人们的注意。但却仍然没有直接回答,而是先说谁是"无比可爱的",然后才说谁是最可爱的人。这种开头感情饱满,激动人心,发人深省,一开头就使人对文章的主题有了深刻的认识。这种开头方法另一个突出特点是从一般到个别,用一般衬托个别:写被一切事情感动着,想把一切东西都告诉祖国的朋友,是为了突出、衬托"思想感情的一段重要经历";写"无比可爱"是为了进一步突出"最可爱的"。例如:

> 独立小院,月光如水,静静地流泻在我的身边,我感到了心沉水底的清凉,引起了对你的不尽的思念! 曾记得也是这样一个月色溶溶的夜晚,我把你送上了开往异乡的列车……(《当我面对"溶溶月色"的时候》)

技巧点拨:中考中,常有追忆式文题出现,需要考生追述过去发生的某一件事。此时不妨联想回忆,引发思绪。这篇文章的开头就导用了这一方法。文中先写月色,由溶溶月色引发了"我"的联想,使我回忆起同样是在这样一个夜晚发生的故事。这种开头,洋溢着一种浓郁的情感氛围,利于抒发情感。例如:

> 我曾用水的眼睛审视生活,生活也曾如秋水般阴郁、遥远。阳光透过枫林洒下来,我顺着光束向上望,却似乎又看到一望无际的兼葭,雾雪般的白色,水草般的柔软。在一片渺渺中我看到了妈妈的眼睛,看到了当年妈妈做出选择的那一刹那。(《让睫毛载来爱,载来幸福》)

描述性语言往往容易流于刻板和平淡,但如果考生能巧妙抓住特征,注意借鉴,灵活地加以创新,则能打破描绘的刻板和叙述的平淡,让形象的描述飘逸出令人心荡神驰的诗情画意。

### 3. 描写景物法

如孙犁《荷花淀》开篇即用浅淡的色彩,疏落的笔触,把荷花淀的景色描绘出来。文章从高空的月亮写到水面的雾气;从远处的一片白色世界,写到眼前凉爽、干净的院子;从视觉——荷花淀的夜景,写到了嗅觉——荷花荷叶的馨香。这段从不同的角度着眼的自然景色描写,意境优美,诗情浓郁,使人感到一股醇香的乡土气息扑面而来。就是这样的开头,即渲染了荷花淀的自然风光美,衬托出解放区劳动妇女热爱新生活,热爱劳动的内心世界的美,把文章自然地引入了正文。例如:

教室外,呼啸着的北风挟着密集的雨点扑打在墙上,"嚓、嚓"地响。教室内,一场全能竞赛考试进行到了白热化的阶段。(选自 2002 年湖北仙桃中考满分文《心中筑起一堵墙》)

紫红色的云霞充满着整个天空,其中还有一轮血似的夕阳,如此暖意的画面显示现出"最美不过夕阳红"的温馨与从容之感,暖得让人沉醉,暖得让人迷恋。(选自 2002 年湖北荆州中考满分文《把黎明的美丽带给曾失落的我》)

### 4. 悬念突起法

悬念的构成,主要依靠以下条件:①人物命运中潜伏着危机;②生与死、成功与失败均有可能出现,存在两种命运、两种结局;③发生势均力敌而又必须有结果的冲突;④剧中主要人物的性格、行动能引起观众在感情上的爱憎;⑤观众对未来事态发展的趋势清楚。合乎逻辑的剧情发展和对人物的强烈爱憎,是构成悬念的两个重要元素。社会生活是复杂的,矛盾的发展受各种各样因素的影响和制约,必然迂回曲折有进有退,也必然会产生想不到的变化。要懂得如何在记叙文中安排悬念,首先必须熟悉生活中事物发展的规律,悬念的美学价值在于是否符合生活发展规律,符合人物性格的发展逻辑。

我快要死了——

我躺在病床上,四周黑漆漆的一片,十分寂静,偌大的房间里,只能听得见我微弱的呼吸声。护士只有到吃药、打针的时候才会进来,而且很少和我说话。我已经习惯了,我不会有太多的抱怨,因为我知道我快要死了。我凝视着窗外,告诉自己要坦然面对死亡。(选自 2002 年陕西省中考满分文《感受生活之美》)

技巧点拨:这篇文章的开头设计了一个悬念:"我"快要死了。于是读者不由得被吸引住了,会想,他怎么会快死了呢?他得了什么病?这一来会怎样?这一连串的问题自然而然地把你的目光带到了下文,使你迫不及待想知道下文。这种开头方法,抓住了人们阅读时的好奇心理,精心设计吸引读者阅读,效果很好。

（三）一线串珠线索明

大凡一篇记叙文,结构上都有一条明晰的线索。记叙文的线索是贯穿全文、将材料串联起来的一条主线,是连接整篇文章各部分的纽带,它把文章的各个部分联结成一个统一整体。如果说丰富而生动的材料是一颗颗珍珠,那么线索就是将这些珍珠串连起来的彩线。记叙文的线索有:时间线索、空间线索、人物的行踪或命运、事件发展、物品、人物的思想感情的发展变化等。线索在文章中往往是有标志的,在记叙文中确立线索很重要。

记叙文的线索主要有以下几种:

（1）以实物为线索。有些文章往往是以一个具体的实物贯穿全文,将各种人或事都集中到它的周围,以此来展开故事情节。

（2）以人物为线索。有的记叙文,按人物动作行为的变化、思想性格的发展、人生历程的见闻来组织材料,把人物作为文章的线索。比如鲁迅先生的小说《孔乙己》中的"我",就是一个线索人物。小说通过"我"的所见所闻反映出孔乙己的性格和遭遇。"我"不仅是孔乙己悲惨遭遇的见证人,也是安排故事情节的重要线索。

（3）以事件为线索。情节通常包括事件的开端、发展、高潮、结局等几部分,有些文章事件本身便是线索。

（4）以时间为线索。有的文章是以时间的推移来组织材料的,时间就成为贯穿全文的一条线索。

（5）以地点为线索。有的文章是以地点的转换来安排层次的,地点就是叙事的线索。如《小橘灯》按地点的转换全文可分为四部分:叙述乡公所楼上发生的事;叙述小姑娘家的情形;叙述回寓所后的交谈;交代离村后的情形。文章以地点为线索,内容显得井然有序,层次分明。

（6）以作者的思想感情为线索。有一些散文没有中心事件和具体的故事情节,而是以作者思想感情的变化发展为线索来组织材料的,这一类就以作者的思想感情为记叙的线索。

【例文】

# 一双童鞋

### 2005 年湖北考生

　　骄阳炙烤着大地，热气侵袭着路人，焦急等候列车到站的乘客们也耐不住灼热的熏蒸，一律都躲到了站台内。我也不例外，为了透透气，并且希望能享受一两阵过堂风，我选择了一个靠门的位置坐下了。即便如此，我还是浑身冒汗，因为只有热流扑面而来，根本没有什么凉风。擦汗的毛巾早已拦不住决堤的汗水，我只有求助于其实早已贴紧身体的衣服了。

　　正当我怨声连天地擦汗时，站外太阳下，一个似曾相识的苍老而潦倒的身影吸引了我，对！祥林嫂的形象跃然于脑海之中——一根下端开了裂的破竹竿，左手的篮子里躺着半只破碗。这位老婆婆虽不至于此，但也与周遭的景物格格不入：右手一柄油漆早已剥落的拐杖，左手也是一只篮子，有点褴褛的衣衫也是紧紧地贴在她早已湿透的身上，这么大年龄了，怎么不怕热呢？她一动不动地盯着火车将来的方向，却又隔一段时间再看看左手的篮子，然后露出舒心的微笑，难道她真的不怕热？我正在纳闷她怎么不热，而且看着篮子还要笑，篮子里到底装了些什么呢？

　　正当这时，列车到站了，人们蜂拥着逼近列车，而一阵热浪又将人群赶退了几步，唯有她顶着热浪，急切地扒上了车。车上座位不够，我和后上的几位旅客站在走道里，列车开始疾驰在空旷的原野上。

　　她异常的举动和我的好奇心驱使我走到她的身边，原来篮子里放着一双童鞋，盒子十分精美，我瞅了瞅，抬起头，与她的眼神相遇了，她向我笑了笑，十分自豪地介绍道："我进城去看我孙子。这不，他快过生日了，我跑遍了街上所有的商店才相中这鞋，你瞧瞧，挺漂亮，他应该会喜欢吧！"说着她自信地打开盒子，一双鞋被紧裹在一匹蓝布里边，老婆婆小心翼翼地打开蓝布包，将一双崭新的童鞋递给我，"给，瞧瞧吧！"我有点羞涩地接过鞋子，其实这鞋样子很古董，也不漂亮，料子质地也不好，但我看见婆婆那双骄傲的炯炯有神的眼睛，只好说："嗯，挺好看，您孙子一定会喜欢的，有您这样的奶奶，他可真幸福啊！"

刚说完这话，后边一乘客一个趔趄差点把我给撞出了窗外，我是保住了，可是其中一只鞋却从窗户飞了出去。后边的乘客不住地向我和婆婆赔不是，全车厢都感到惋惜，看得出来，老婆婆神色有点黯然。可是她突然探出了窗外，将那另外一只鞋也扔了出去，全车厢的人一阵哗然，我也一阵迷惑，诧异地问道："老婆婆，怎把那只鞋也给扔了？""哈哈，我剩下这独一只也没用，爽性把那只也扔了，没准别人会捡到，配成一对就好了。"一番话，全车厢顿时一片寂静。再看看老婆婆的脸，天高云淡，气定神闲，眼角微漾的笑意为这张苍老的脸镀上了一层圣洁的光辉。

我望着窗外，逝去的时间之流似乎在缓缓回流，空旷寂寞的原野，纯净如溪的蓝天，高峻肃穆的群山，幽深浩渺的湖泊。品味婆婆的这一番超然的话，我仿佛在碧波荡漾的高山湖泊上，看那飞舞的精灵扇动洁白的翅羽，把大地的灵感带上了蓝天。不一会儿，眼前浮现出万马奔腾的草原，仿佛听见了那粗犷剽悍的嘶吼，我看到一个喜好追逐列车的小孩，意外发现一双漂亮童鞋时的无限欣喜；我仿佛感同身受那种超然的幸福，突然间，一种对超然的无比仰慕油然而生。

是啊！"会当凌绝顶，一览众山小"，不就昭示着豪迈的超然般的幸福？

"采菊东篱下，悠然见南山"，不就阐述着闲适超然般的幸福？

"我本楚狂人，凤歌笑孔丘"，不就演绎着狂傲超然般的幸福？

啊，一双童鞋，超然一点，幸福多多。

**【简评】**  文章在情节安排上，以一双童鞋为线索，悬念迭起，一波三折，既在意料之外，又在情理之中。结尾的景物描写是对文章中心的诗意表达。语言优美纯净，达到了情景交融的完美境界。

（四）一字传神的细节

作文要想出彩，人物性格的塑造、作者感情的抒发，必须有精彩的"点"来吸引人，必须有能给他人留下深刻印象的"闪光之处"，这"闪光之处"就是细节描写。细节描写，是指对表现人物性格和情节发展有特殊作用的一些细小环节进行具体、细腻、形象、生动的描写，它包括外貌、语言、动作、神情、心理活动、环境、物件等。一篇文章，恰到好处地运用细节描写，能起到举足轻重的作用。烘托环境气氛、刻画人物性格、揭示主题思想，都离不开一字传神或一针见血的细节。细节描写是指抓住生活中的细微而又具体的典型情节,加以生动细致地描绘,细节是指人物、景物、情节的细微部分。细节描写具体渗透在对人物、景物或场面描写之中。它是最生动、最有表现力的手法,它往往用极精彩的笔墨将人物的真善美和假丑恶和盘托出。细节描写对表现人物、记叙事件、再现环境都有着极其重要的作用。巴尔扎克说:"当一切的结局都已准备就绪,一切情节都已经加工过,这时,再前进一步,唯有细节组成作品的价值。"

作家李准曾经说过:"没有细节就不可能有艺术作品。真实的细节描写是塑造人物,达到典型化的重要手段。"写人则如见其人,写景则如临其境,细节描写的主要目的就在于此。常见的细节描写有以下几种。

1.动作神态细节描写

细节描写是对人物进行精雕细刻的过程,而人物的性格是通过动作和语言来表现的,于是,二者就成了细节描写的焦点所在。细节是情节中的细枝末节,细节描写是对人物进行精雕细刻的过程,而人物的性格是通过动作和语言来表现的,于是,二者就成了细节描写的焦点所在。

**例一** 鲁迅《社戏》写孩子们归航途中偷豆,阿发"于是往来地摸了一回,直起身来说道:'偷我们的吧,我们的大得多呢。'""阿发"往来地摸,有比较鉴别之意,显现出他聪明而无私的童真,传达出作者对他的敬佩喜爱。

**例二** 鲁迅《孔乙己》写孔乙己"从破衣袋里摸出四文大钱,放在我手里,见他满手是泥,原来他便用这手走来的。"这里的"摸",表钱数不多之意。特定的动作正是孔乙己生活窘迫、穷困潦倒、遭遇悲惨的写照,传达出作者对他的哀伤同情。同为"摸"字,作者却在不同的地方赋予各异的含义,且凝练传神,别具匠心。

**例三** 再如契诃夫《变色龙》有这样的动作描写:"……叶尔德林,帮我把大衣脱下来,……真要命,天这么热,看样子多半要下雨了……""哦!……叶尔德林老弟,给我穿上大衣吧……好像起风了,挺冷……。"(契诃夫《变色龙》)句中"军大衣"是沙皇警犬的特殊标志,是奥楚蔑洛夫身份的象征,是他装腔作势、用以吓人的工具,"脱"大衣的动作表现的不是天气热,而是"判"错了狗,急得浑身冒汗的胆怯心理。"穿"大衣的动作表现的不是天气冷,而是遮掩刚才辱骂将军的心冷胆寒的心理。一"脱"一"穿"的细节,勾勒出这个狐假虎威、欺下媚上的沙皇走狗的丑态。

**例四** "自此,严监生的痛,一日重似一日,再不田头,诸亲六眷都来问候……晚间,挤了一屋的人,桌上点着一盏灯。严监生喉咙里痰响得一进一出,一声不倒一声的,总不得断气,还把手从被单里拿出来,伸着两个指头。"(吴敬梓《儒林外史》)

严监生是个吝啬鬼。作者写他临死时,"总不得断气"。"还把手从被单里拿出来,伸着两个指头"。别人都没有猜出其中的含义,还是赵氏了解他,他是因为多点了一茎灯草而死不瞑目!作者通过这一典型的细节描写,把这个吝啬鬼特有的精神面貌和鲜明的个性深刻地表现了出来,真可谓淋漓尽致、入木三分!

2. 场景细节描写

朱自清在散文名作《背影》中,全是通过一些生活琐事,特别是借助父亲爬过铁路为儿子买橘子的细节,来传达了那种深沉厚重的父爱。父亲不惜在月台上爬上爬下,且心满意足,可见在他的心中,对孩子的一片深情早已取代了封建伦理所谓的长幼尊卑。可见,表达激越的情感,不一定非得使用浓墨重彩,也不一定惊呼感叹,有时采取细腻轻巧的笔触,把整个心思倾注在并不显眼的文字上,在缠绵与隽永的情味里也能收到意想不到的效果。例如:

"我看见他带着黑布小帽,穿着黑布马褂,深青布棉袍,蹒跚地走到铁道边,慢慢探身下去,尚不大难,可是他穿过铁道,要爬过那边月台,就不容易了。他用两手攀着上面,两脚再向上缩;他肥胖的身子向左微斜,做出努力的样子。这时我看见他的背影,我的眼泪很快地流了下来了。"

《背影》从发表至今始终具有巨大的魅力和影响力,关键在于作者抓住了生活中的细节。父亲给儿子送别时买几个橘子,原是件寻常事,作家却能很好地选取"父亲过铁道"这一细节场景,把父亲对儿子的慈爱,儿子对父亲的眷恋等特别真挚的感情,通过细节描写生动地反映出来,从而引起读者情感上的共鸣。例如:

我们上了轮船,离开栈桥,在一片平静的好似绿色大理石桌面的海上驶向远处。(莫泊桑《我的叔叔于勒》)

在我们面前,天边远处仿佛有一片紫色的阴影从海里钻出来。(莫泊桑《我的叔叔于勒》)

这两句景色描写形成鲜明的对照,表现了菲利普夫妇在见到了于勒前后的不同心境,并用环境描写进行烘托。前句较明快,表现他们快活而骄傲的欢愉心情。后一句较灰暗,显示了他们满怀失望与沮丧的心情。

3. 服饰细节描写

服饰,即人物的衣着穿戴。服饰款式是时代的产物。它不仅是一定时代的人文礼俗在人们身上打下的烙印,也是一定的社会人群的政治地位、经济地位的标志。服饰描写,在文学大师的笔下往往被赋予了复杂的文化内涵,有时寥寥几笔,却能使人物形神兼备,其身份、地位以及性格特征昭然若揭。

例一 《孔乙己》中的一段细节描写:"穿的虽然是长衫,可是又脏又破,似乎十多年没有补,也没有洗。"

这段描写,抓住了"长衫"这一典型细节,穿长衫是科举时代读书人的象征,是当时官僚乡绅等上层人物身份地位的标志,而孔乙己的长衫却"又脏又破",真所谓"一衫破而知穷",一个穷困潦倒的迂腐的封建社会知识分子形象就活现在我们眼前,"穿长衫""又脏又破"又不肯脱下是想保持读书人的架子。二者既矛盾又统一,足见他四体不勤,懒惰至极。在当时的社会条件下,穷困、迂腐、虚荣、懒惰注定了孔乙己必然的悲剧命运。也由此可见封建科举对知识分子的愚弄和迫害。由孔乙己的破长衫而认识到封建科举制对读书人的毒害。鲁迅正是通过对外形的整体描写揭示孔乙己的特殊身份,通过服饰的细节描写揭示了孔乙己懒惰而又死爱面子的特征。

例二 "这个人打扮与众姑娘不同:彩绣辉煌,恍若神妃仙子。头上戴着金丝八宝攒珠髻,绾着朝阳五凤挂珠钗;项上戴着赤金盘螭璎珞圈;裙边系着豆绿宫绦,双衡比目玫瑰佩;身上穿着缕金百蝶穿花大红洋缎窄褃袄,外罩五彩刻丝石青银鼠褂;下着翡翠撒花洋绉裙……"(《红楼梦》第三回《林黛玉进贾府》)

王熙凤本来就不通文墨,对色彩的和谐搭配当然是谈不上高雅了,眼里只会有俗艳的标准。你看她上身红袄,下身绿裙,主色就对比强烈,再加上外罩褂子的石青色、裙边宫绦的豆绿色、佩玉的玫瑰色和头项首饰的金色,简直是一堆色彩的大杂烩,叫人眼花缭乱。这种花哨俗艳的服饰正透露出王熙凤审美观的低层次。

例三 "三仙姑却和大家不同,虽然已经四五十岁,却偏爱当个老来俏,小鞋上仍要绣花,裤腿上仍要镶边,顶门上的头发脱光了,用黑手帕盖起来,只可惜官粉涂不平脸上的皱纹,看起来好像驴粪蛋上下了霜。"(赵树理《小二黑结婚》)

秃了顶的老婆子的滑稽打扮,寄寓了作者辛辣嘲讽。

### 4.语言细节描写

语言描写是塑造人物形象的重要手段。文学本身即是语言的艺术,它是靠语言来塑造形象和反映生活的。成功的语言描写总是鲜明地展示人物的性格,生动地表现人物的思想感情,深刻地反映人物的内心世界,使读者"如闻其声,如见其人",获得深刻的印象。"言为心声",不同思想,不同经历,不同地位,不同性格的人,其语言也是不同的。鲁迅曾说过:"如果删掉了不必要之点,只摘出各人的有特色的谈话来,我想,就可以使别人从谈话里推见每个说话的人物。"能够让读者从"各人有特色的谈话"中来"推见每个说话人",这便是成功的语言描写。

**例一** 当克罗旭让他请裴日冷先生来替葛朗台太太治病时,他说出了这样一句话:"咄,咄,咄,咄!你知道我女人闹什么病呀。那些医生一朝踏进了你大门,一天会来五六次。"(《欧也妮·葛朗台》)

对于克罗旭先生提起钱时连续发出四个"咄",可以看出老葛朗台对于钱的紧张,为了"那些医生一朝踏进了你大门,一天会来五六次"这样一个不必要的理由,竟把自己妻子的性命视如杂草。从这一个侧面可以表现出老葛朗台的极端的吝啬。同时,他通过这样一个不轻不重的借口来掩饰自己的吝啬,这也表现了他的狡猾。

**例二** "噢,是真金!金子!这么多的金子!有两斤重。啊!啊!查理把这个跟你换了美丽的金洋,是不是?为什么不早告诉我?这交易划得来,小乖乖!你真是我的女儿,我明白了。"(《欧也妮·葛朗台》)

这一段生动的语言细节描写彻底展现了他的虚伪、狡诈、厚颜无耻的本质。一捧就知道金子是有"两斤重"的,现出了他贪婪的本性了,以及一连串的"金子"以惊叹的语气冲口而出,语调急促,语言简短,赤裸裸地表现其无耻而又无止境的贪欲。这些语言极其切合葛朗台作为资产阶级暴发户的身份,十分传神地描写出在葛朗台的眼中,只有金子才是最重要的,有鲜明的个性特征。

**例三** "孩子吃完豆,仍然不散,眼睛都望着碟子。孔乙己着了慌,伸开五指将碟子罩住,弯下腰去说道:'不多了,我已经不多了。'直起身又看着豆,自己摇摇头说:'不多不多! 多乎哉? 不多也。'于是这群孩子在笑声里走散了。"(鲁迅《孔乙己》)

一段细节,寥寥几笔,把孔乙己这个人物思想和盘托出,"不多不多! 多乎哉? 不多也"构成了孔乙己性格的基本单位,一个穷困落魄却又虚荣性十足的科举制度的牺牲品的形象跃然纸上。

"细节,是文章的生命。一篇文章,尤其是故事性较强的文章,有出色的细节描写,读起来就生动有趣,就觉得真实可信;反之,文章情节再曲折,思想主题再深刻,也只能是干巴巴的,让读者觉得味同嚼蜡,缺乏感染力。"①的确,记叙文的生命力在于细节描写。我们学生在作文里缺少的不是把某件事写完整的能力,而是缺少细节捕捉描写的能力。但细节描写并非多多益善,从塑造人物形象,表现生活的真实的实际需要出发,有时可以写得详细,有时可以写得简略。

## 【优作】

### 亲　恩
#### 吴毅虹

生活在爱的空间,呼吸着爱的空气,却不免有些麻木。对身边荡漾的亲情,竟有些浑然不觉,秋风中,一曲《念亲恩》拨动了我几乎生锈的心弦,亲情的温馨,家的感觉,顿时涌上心头——

#### 吃面

"今天的面放辣酱吗?"妈妈从厨房里探出头来,关切地问。

"放,放。"正被电视迷得神魂颠倒的我不耐烦地摇了摇手中的遥控器。"要不要荷包蛋?"

"要,要! 这样的事老是问。"我老大不高兴地嘟囔道。厨房里顿时安静下来。

"来了!"妈妈说着把一大碗面端了上来。我拿起筷子,挑了几下,夹起一大把塞进嘴里,便又转向电视。

"怎么样,今天面好吃吗? 你说不放太多油,今天我就没放,你看,清清淡淡的。我看饭店里都兴放香菜,我也加了一点,吃得惯吗?"

---

① 徐美容:《语文教学与研究》,载《细节描写的作用》2007 年第 11 期。

"小鬼,能有这么好吃吗?"妈妈竟孩子般地笑起来。我有些惊愕地抬起头来,妈妈一边在围裙上使劲搓手,一边笑吟吟地望着我。我突然间有些感动,认真地吃了一口,说:"真的,不骗你!"

借书

"爸,书借到了吗?""没有,今天上午开会,下午跑了好几个地方,都借不到。"父亲一边收伞一边用手理了理被风吹乱的头发。

"那怎么办,明天上课要用。你这个人,连这点事都办不好,不知你心思用哪儿了。"妈妈埋怨道,颇有不悦之色。

我连忙打圆场:"其实也没什么大不了的,明天和同学共用一本不就得了。"

妈妈还想说什么,望了望我,望了望父亲,摇了摇头,停住了。晚饭气氛很闷,大家都约好了似的不说话。父亲更是一声不吭,埋头大口大口嚼饭,两道眉毛焦急地绞在一起。

"我有事出去。"父亲终于说话了,拿起伞走进风雨中。"这么晚了,到哪去?"妈大声问。"有事。"声音远远飘过来。"又去干革命了,没日没夜的。"妈叹了口气。谁也没提书的事。11点左右,父亲回来了。"这么晚,真累,这样的天。"我迷迷糊糊地想。

第二天,桌子上赫然摆着我需要的那本书,洗衣机中浸着一条满是泥泞的裤子。

【点评】 文章视角独特,选材得当,选取了最能反映父母对子女关心的两件小事,字里行间流露出浓浓的亲情。出色细节描写是文章最动人之处,神态描写细致生动,人物形象跃然纸上。

总之,记叙文的构思,一般应包括以下几个方面:(1)选择最恰当的、典型的材料去表现主题。众所周知,魏巍《谁是最可爱的人》一文的雏形是一篇名为《自豪吧,祖国》的通信,写了20多个事例,但主题却不鲜明。改写时经过缜密地构思,决定选用三个典型事例,从三个不同角度去表现志愿军战士的崇高品质与博大胸怀,主题思想也因而得到升华。(2)在现有的材料中,找一个恰当的观察点,寻一个合适的突破口,选择最富有表现力的角度,把材料中闪光的思想生动形象地展示在读者面前。有一个作家说过这样的事例。一次,他到一个学校给爱好写作的同学上课。他出了一个题,要大家描写一位讲话啰唆的干部,这个干部正在做一个非常啰唆的报告。一个钟头后,这位作家把同学们的作文收上来看,结果只有一个人的文章使他满意。原来其他同学都是从正面去描写这位干部内容如何啰唆,试想,这位讲话啰唆的干部一口气作了四个钟头的报告,你总不能把报告内容全写到稿子上去啊,即使记上一半,岂不叫读者昏昏欲睡?这个同学不去写这位干部如何作报告,而是直接写听报告的人如何反映:有人打哈欠,有人打瞌睡,有人讲小声话……文章没有直接写报告如何啰唆,但是那股啰唆劲已令人深切感受到了。这就是角度选得巧的结果。

记叙文的构思,实际上是一个形象思维的过程,它既要扎根于深厚的生活基础,又要有丰富的联想和想象,这就要求我们同学平时在这方面多下工夫了。

# 5.3  议论文立意构思

对于议论文来说,主题正确、集中是基础等级的要求,主题深刻、新颖是发展等级的标志。要写好议论文,必须要通过独立思考、创造性的思考,在动笔之前就要努力确立正确、集中、深刻、新颖的主题思想。

## 一、议论文立意原则

一是大处着眼。我们写的常常是小事情、小场景、小角度,这并不就是决定了文章必然立意低下。要有以小见大的意识,即通过小事情、小场景、小角度,来反映丰富的社会内容,揭示出深刻的社会主题,这就需要我们从大处着眼。比如,你可以展开由此及彼的联想,借自己所选的具体的人事景物来表达人类普遍的感情和抽象的道理;你可以把题材放入广阔的社会背景和时代高度,让文章跃动时代脉搏,传递时代信息,弘扬时代精神。但须遵从社会公认、服从真善美的标准,若不遵从国家的法律法规精神,剑走偏锋,只想着一鸣惊人,提出危言耸听的观点,如有人认为牺牲自己去救人是犯傻,不如明哲保身;有人提出应该尊重个人自由,允许中学生谈恋爱等。这种思想认识上的偏差如果出现在考场作文上,即使文章结构完整、语言生动,也不会得到高分。

　　根据下面材料为作文立意。

　　　　秋天,北京大学新学年开始了。一个外地学生背着大包小包走进了校园。实在太累了,他就把包都放在路边。这是,正好一位老人迎面走过来,年轻学生走上去说:"您能不能替我看一下包呢?"老人爽快地答应了。那位新生于是轻装地去办理各种入学手续。一个多小时以后回来了,老人还尽职尽责地完成着自己的使命。年轻学子谢过老人,两人各自走去。几天之后,北大开学典礼,这位年轻学子惊讶地发现,主席台上就座的北大副校长季羡林先生正是那一天替自己看行李的老人。

　　　　一般立意:"助人为乐""平易近人,以身作则""一诺千金,负责到底""谦逊为人,长者风度"。

　　　　深一层立意:"开学第一课""北大第一课""人间自有真情在""渊博的学识,高尚的人格"。

　　　　再深一层立意:"己所欲,施于人""不以善小而不为""可敬的赤子之心""质朴无华见纯真""自然心——最高的境界""金子般的平常心""难能可贵的平常心""呼唤平等与博爱""超凡脱俗境界高"。

　　　　从赞扬或批评学子的角度立意:"人的尊严与平等""留住诚信""没有大人物与小人物之分""人与人只需平视""不必仰视,不可俯视""不必'惊讶'"。

　　　二是纵向开掘。所谓的"纵向开掘",循着事物的内在联系,将一个道理(论点),分成若干分论点。让思维顺着由表及里,由现象到本质,特殊到一般,由因到果(或由果到因),由历史到现实等的路子一步步地深入展开说理。在论证上表现为层层推进,环环相扣,多采用引申、层进、演绎等推理方法。课文《崇高的理想》就是纵向开拓,层层深入论证的典范。

　　　纵向开掘,就是要透过现象探究本质,依照结果探求问题产生的原因,从现状出发预测事物发展的趋向或结果。要具有多方面考虑事物表面层次和深层次的意识,要充分抓住话题内容的深层内涵来写,能由表及里、由浅入深、由果推因、由形观神审察事物。这样的思维方式,要求我们全面地而不是片面地看问题,联系地而不是孤立地看问题,发展地而不是静止地看问题。这时文章的立意,往往不只是回答"是什么""有什么"的问题,而是就"为什么""怎么办"发表看法。有的考生思维空间狭窄,缺乏辨证思维意识,思维的宽度与深度呈现出胶滞的状态,作文的立意思维仅仅是一些片面的、支离破碎的、缺乏严密逻辑的意识。其实只要你用一分为二的观点看事物,用辨证思维分析事物,你的思维个性就会活跃起来,你的思维就会变得立体而丰富起来。如以"镜子"为话题写一篇文章,若你的立意定位在其表面层次——实物"镜子"上,那么很明显它的层次不高,思想不够深刻,这样写出来的文章个性也就不突出。若是你的立意定位在"镜子"的比喻义上,写出"以高尚的品格作镜子照出卑劣的灵魂"等深层内涵,那无疑是高人一筹的。再如《从愚公移山说起》,说起什么呢?一般人会想到:①愚公带领全家人移山的确任务艰巨,但他坚信,"子子孙孙无穷匮也,而山不加增,何苦而不平?"即使神不相助,坚持,坚持,再坚持,愚公移山也能成功。——由此可知,坚持就是胜利。②愚公移山,困难重重,但没有被困难所吓倒,而是"率子孙""叩石垦壤,箕畚运于渤海之尾"。他的行为感动了上帝,移山得以成功。——足见,世上无难事,只要肯实干。这两点立意明显停留于一般水平,若是以下面这两点立意就新颖多了:①愚公移山,真正搬走这山的是夸娥氏二子,表面上看来,外援似乎完全可以取代自力更生,而其实,天帝的外援是完全建立在愚公一家自力更生的基础上的,很明显,没有愚公一家自力更生的冲天干劲,上帝是不会感动的,夸娥氏二子是不会下凡的。——你看,自力更生为主,争取外援为辅是多么正确。②统一思想、认识在先是工作成功的重要前提,愚公他们一家人同心同德,勤勤恳恳,没有一个临阵脱逃、半途而废,这与愚公的"聚室而谋"不无关系。——由此可知,统一思想、认识在先是工作成功的重要前提。

2005 年江西高考作文话题"脸"就是一个很具体的形象,但是在写作的时候显然不能把文章写成说明文,仅仅介绍脸上的五官,如果这么写得话,从立意上讲,这将是一篇非常失败的文章,也不可能得到高分。那么怎么办呢?这就可以用到我们的这个工具了——具象题目抽象想。

如何去想呢?脸是每个人最显眼的一张名片,它是人的外貌最鲜明的体现,到这一步,仍然停留在具象的层次上。我们再深入挖掘一步,外貌是外表的形象,而人还有内在的精神形象,即人的尊严,也就是我们常说的"脸面",显然,到这一步,我们已经完成了由具象到抽象的转化和深化。具象的"脸"已经被我们抽象上升到了"尊严"的高度,文章的立意就会深刻多了。我们可以再简单地演示一下这一思维过程。

三是挑战旧论。对传统观念和社会定论大胆说"不",旨在从反面去发现事物新的特点,发他人所未见,表达出令人信服的全新思想和观点来,这种立意方法,通常被形象地称做"反弹琵琶"。反弹琵琶,逆向思维,往往会使文章独辟蹊径,别有洞天。比如,对不顾自己身体重病在身而忘我工作的行为提出异议,表达应该善待自己的思想;对送给贫困户钱财而不是技术、岗位的做法提出批评,表达扶贫还是要扶根本的看法;如此等。这些表达了与传统观念全然不同的主题思想,让人耳目一新。再如以"朴素"为话题作文,多数同学都是写某个人生活如何朴素,有一位考生却逆向运思,写出了题为"掀开朴素的外衣"的文章,获得满分。需要提醒的是,反弹琵琶的立意,必须符合客观实际,确保正确有理。以"滥竽充数"的寓言故事立意作文,除了批评南郭先生不懂装懂的恶劣作风外,还可以从以下角度思考,更加富有新意:①批评齐宣王的"大锅饭"政策,联系现实谈改革平均主义的必要性;②批评南郭先生的同事互相包庇,抨击现实社会中官官相护的腐败现象;③肯定南郭先生的自知之明,批评现实生活中不学无术却空占位置的无赖作风;④赞颂齐缗王不墨守成规,勇于改革创新的精神。这些见解互不相同却又自成一家,令人耳目一新。

## 二、议论文立意与思维运用

立意的方法很多,主要运用到两种思维方式:发散与收敛。所谓发散性思维,就是对所给材料或题目进行研究,看它都有哪些方面的含义,可以用来表达哪些观点。所谓收敛性思维,就是对散射出去的思维进行收束,从诸多的含义或观点中选取一个,作为我们要表现的主题。

我们再举"镜子"为题,进行立意训练。

第一步,先作界定。

镜子分为两大类:透射性的和反射性的。放大镜、显微镜、望远镜等属于前者;梳妆镜、哈哈镜、后视镜等属于后者。

第二步,思维发散。

示例①:《红楼梦》中贾宝玉曾作了一则谜语:"南面而坐,北面而朝。像忧亦忧,像喜亦喜。"如果把生活比作一面镜子,你对着它笑,它就对着你笑;你对着它哭,它就对着你哭——立意:要以乐观的态度,严肃认真地对待生活。

示例②:佛家有一则偈子,"身是菩提树,心是明镜台;时时勤拂拭,莫教染尘埃。"我们天天洗脸照镜,防止脸上有污点;我们更要时时省察自己,改正自己的缺点。曾子云:"吾日三省吾身:为人谋而不忠乎? 与朋友交而不信乎? 传不习乎?"即是此意。——立意:我们要时时省察自己,除去心灵上的污点和身上的缺点。

示例③:其一,我很自卑或自满,偶然听到别人对我的评价……其二,我有一身毛病但不自知,从别人身上看到了自己的影子……——立意:以人为镜,可以明得失。

示例④:哈哈镜会使人变形。我们听到的如果是一些阿谀奉承的话或刻意贬损的话,不能轻信。——立意:人贵有自知之明,不能盲目相信别人对自己的评价。

示例⑤:驾驶员离不开后视镜,我们也需要回头看。——立意:前事不忘,后事之师。

示例⑥:借助望远镜,我们可以看得更远。用马克思主义、毛泽东思想武装我们的头脑,掌握先进的思想方法,就可以高瞻远瞩,预见未来。——立意:风物长宜放眼量。

示例⑦:借助显微镜,可以发现别人没有发现的问题,看到别人容易忽视的因素。——立意:要见微知著,防微杜渐。

示例⑧:镜中花水中月,比喻一些虚幻而诱人的东西。《红楼梦》中的贾瑞有一面"风月宝鉴",正面照是骷髅,反面照有美人在引诱。贾瑞禁不住诱惑,精血枯竭而亡。如果禁不住花花世界的百般诱惑,去追求那些单纯的感官刺激或虚无缥缈的东西,等待你的只能是堕落或失望。——立意:要有求真务实的勇气和恒心。

示例⑨:编述一个跟镜子有关的故事,立意随内容而定。如,小明偶然发现了一面魔镜,可以照出地下的宝藏或每个人的未来,于是……——张婆婆家里扔着一面锈迹斑斑的铜镜。路过的王教授说,这是一件上古的文物,价值连城。消息传出后

......

示例⑩：写一篇说明文，介绍镜子的种类、作用或发展历史。——立意：介绍有关镜子的知识。

第三步，思维收敛。

对上述的种种立意进行比较筛选，确定其中的一个。

从上面的步骤中，我们发现第二步最关键，它涉及思维的广阔性和深刻性，如何让思维走向广阔？如何激活思维？现实生活中每天都会发生许多事情，它可以是生活中任何一个方面、一件小事，也可以是生活中的一个现象、一种景物、一句名言，你要分析一下，这些事情对你有什么影响，感受最深的事是哪一件，然后再考虑"想到"什么、能"说起"些什么。要对事情本身作些分析，确定一个角度谈自己的看法。如有一道设计颇新颖的作文题目是《从切苹果说起》，材料说的是：有一个小孩违反常规的切苹果的方法，把苹果横放着，拦腰切下去，结果发现果核呈五角星，这使站在一旁准备指导孩子切苹果的父亲陷入了沉思。与材料类似的内容，我们日常生活也经常遇到，要完成这篇作文，就要尽可能列出与材料属性的内容相对应的观点，这些观点实际上就是可供选择的论题。

下面我们具体分析如何运用写作思维解决立意的问题。

第一步，先作界定。"从……说起"应该运用议论文形式表达自己对事物的认识和对世界的看法，"切苹果"是立意的出发点。

第二步，思维发散。从材料中可挖掘出什么论题呢？

a. 应该超越常规，打破固有的习惯；

b. 成见是认识新事物的心理障碍；

c. 人应该永远保持一颗感受事物的童心；

d. 无规矩亦可成方圆；

e. 学会"出轨"；

f. 墨守成规与打破常规；

g. 具备一双发现的眼睛。

第三步，思维收敛。对上述的种种立意进行比较筛选，确定其中的一个。

筛选的依据：①切题。这一条至关重要。在考场作文中，立意一定要准确反映材料或题目的内涵，偏离题意，打"擦边球"，是最大的忌讳。跑题之作，无论立意多么深刻新颖，也是白搭。②扬长。由于生活空间和阅读经验不同,人们各有自己的知识优势和视野盲区。立意要扬长避短,立足于自己最熟悉的知识领域。这样写作起来,自然会左右逢源。③新颖。新颖就是在扣题和深刻的基础上对立意更进一步的要求。我们要通过比较,选取那些见解独到,富于创新的主题,避免人云亦云,拾人牙慧。

如果具备了这种辨析材料的能力,什么作文会写不好呢? 如何写好这篇作文,就是先从这些思想观点中选择一点,作为基本论题。比如选择第一个观点作为论题,可以从议论文的四个常规范畴"是什么、为什么、怎么样、会怎样"为支点进行材料的组织与思维。现举例如下:

是什么

打破常规是　现代人应有的气魄和胆识

　　　　　　第一个吃螃蟹的人

　　　　　　思想、心灵的一种解放

　　　　　　人类进步的推进器

　　　　　　科学发现的杠杆

　　　　　　社会前进的动力

　　　　　　检验真理的实践能力

为什么

打破常规　　为了超越前人

　　　　　　为了历史的前进,当一个先行者

　　　　　　为了体会独辟蹊径的乐趣

　　　　　　为了科学研究的深入

　　　　　　为了认识世界改造世界

　　　　　　为了成为人生竞技场的强者

　　　　　　为了证明生活的真谛

怎么样

打破常规　　要具备一双发现探索的眼睛

　　　　　　要善于寻找胜利的突破口

　　　　　　必须在战术上小心翼翼

　　　　　　要培养创新的意识和能力

　　　　　　要善于独立思考

　　　　　　要懂得运用科学的方法与武器

要排除因循守旧的思想和心理障碍

怎样

打破常规会　争得生存的主动权

使视野更开阔

获得走向成功的钥匙

进入人生新领域

促进个人事业的成功、社会的进步

获得新认识、新创造

聚集起人生的经验

有了这些分析,我们只要有序组合辅以联想到的事实论据和理论论据、名人名言,联系生活中遇到的实际情况和社会现实,就能很好地完成议论文的写作。

毕竟,写作对学生写作能力的培养必须循序渐进。开始,可由老师出一些题目,给一些材料,由老师引导,让大家讨论,让学生大胆发言,可以尽量挖掘材料或题目中隐含的意义和观点,这样做开拓了学生的思路,能得出相应多个观点,有助于培养学生思维的敏捷、快捷的分析,以及筛选比较的能力,然后向多角度、多侧面、多层次的辐射,向思想深度挖掘,由此及彼,就会出现既有规范又有个性的优秀作文。

## 三、议论文构思

俗话说:"一口吃不成一个胖子,一锹挖不出个水井。"同样,议论一个道理,也很难一口气讲得清楚。中学生接触议论文写作时往往展不开,只好采用"戴帽＋穿衣＋着靴"三段式,因为缺乏推理过程,正像解数学题,光有结论而没有运算过程一样,是不能服人的。写议论文和写记述叙不同,需要有严密的逻辑思维。写作前必须明确写什么,怎么写,有一个清晰的、整体的轮廓,写起来心中有数、有条不紊。一般地说,议论文最基本结构是:提出一个问题,接着加以分析,然后综合起来,指明问题的性质,给予解决的办法。即按照"是什么——为什么——怎么样"的步骤。当然,这样的结构太笼统了,为了减少重点内容遗漏、条理不清、结构松散等弊病,减少盲目性,克服随意性,保证写作质量,一定要学会写提纲。

议论文的提纲编写,一般应考虑下面几个问题:

① 论点是什么,如何提出论点?

② 先分析问题的哪一方面,后分析问题的哪一面?

③ 选用哪些事实论据与道理论据阐述论点,哪些详写,哪些略写?

④ 用什么论证方法?

⑤ 怎样解决问题、得出结论?

**例一**

有一篇名为"追星引发的思考"作文是这样列提纲的

(一)养狗管理不严的表现

显:个别　语言　数字　城乡　老少

隐:一般　行动　事例　中外　精英(民众、男女)

(二)出现问题的原因

物质与精神　内因与外因　现实与历史　心理与文化

近因与远因

浅层与深层　原因之原因

(三)好处与危害

物质与精神　眼前与长远　个人、家庭、集体、国家、民族

(四)怎么办

认识与行动　个人与社会　眼前与长远　国内与国外

从上面的这份提纲看,作者罗列得太细了,对这些问题必须反复思考,加以整理,分成条目。写提纲要注意简而明。所谓"简"就是简要,写出段意即可;所谓"明",就是一看提纲就了解文章安排及部分内容详略情况。

**例二**

《怀疑与学问》的写作提纲

1. 用古代学者的名言,提出中心论点:治学必须有怀疑精神

2. 分析

从不同角度论述:从消极方面论证——是辨伪去妄的必要步骤

怎样对待传说

怎样对待书本学问

从积极方面论证—— 建设新学说、启迪新发明的基本条件

列举清大学问家戴震幼年读书善疑的事例

3. 总结全文

这份提纲,重点突出,简明扼要,条理清晰。简明扼要的提纲,有助写作者理清层次思路,不至于想几句凑几句,胡编瞎抄。

**例三**

下面这篇《人生要有明确的目标》提纲堪称范本。

《人生要有明确的目标》

①有目标的好处:a 有目标,才有动力

b 有目标,才能集中精力

c 有目标,学习方向更明确

②无目标的坏处:a 见异思迁

b 得过且过

c 分散精力

③怎样达到目标:a 自信

b 毅力

c 百折不挠

d 适当调整

# 5.4 话题作文立意

话题作文与以往的材料作文相比,最大的差别是:"话题作文的核心是话题"(教育部考试中心 张伟明 先生语)。话题作文提供的材料,不像以往的材料作文那样,是立意的出发点和归宿点,它只是命题者所作的"作前指导",是引发考生思考的一个"由头",是启发考生打开思路的一个"例子",是"举一反三"的"一"。所谓"话题",即谈话或者描述,议论内容所涉及的范围或由头。话题作文即提供写作的范围或缘起,它既是对选材立意的限制,也是开启思维的"金钥

匙"。话题作文不同于材料作文。材料作文也叫"命意"作文,拟题者给出一则或多则材料,对文章的文体、材料范围乃至主题等加以限制,话题作文虽然也给出材料,写作者无须考虑命题者的意图和材料的内涵,只要扣住话题就可以了。因而命题更加宽松,内容更加宽泛,文体更加淡化。从而极大地解放了写作者的思想,有利于发挥他们的想象能力和创造性思维能力。写作者能充分发挥自己的文体优势,全面地展现自己的写作风采。

构思是动笔写作之前,对文章内容和形式的总体设计,其中内容方面的主要任务是立意和选材,形式方面的任务主要是明体(明确写作的体式)和布局。构思是从整体上对文章的抽象把握和设计,以抽象思维为主,简单说就是整体思索,"想"文章。构思的中心内容是形成主题,其次是形成结构。没有构思就没有文章,只不过有的构思因为时间短暂而不易看出。短暂并且没有用文字表达的构思,称为"腹稿"。文字符号表达的构思就是提纲。

写文章如同插花,需要整体的布局,又需要局部的点缀,还需要增删和掩映。所以在落笔之前要胸有成竹。怎样把我们内心丰富的情感表达出来,怎样做到有事可写,有情可写,有理可评,而且能直达读者的内心,这都需要我们构思严密、周到。好文章离不开新巧的构思。构思是一个比较复杂的过程,所以要善于动脑筋。同时构思并没有一个死的条条框框,它所涉及的种种问题,都是灵活多变的,因而构思过程是一个充满创造性的思维过程,是一种创造性的劳动。不同体裁不同类型的文章各有常见的思路模式。但在构思中,这些步骤是不可缺失的。

话题作文,在人们的潜意识中总以为它范围宽,容易立意,其实,话题作文的命题方式不是唯一的,话题作文中材料与话题的关系不是单一的,如果脱离了材料,你根本不知道作文的任何指向,而没有任何要求和指向的作文题几乎是不存在的。在动笔之前,学生首先应考虑命题人的思维指向,命题人的一切意图都通过材料所包含的哲理或道理显示出来。因此话题作文的审题和拟题显得尤为重要。

## 一、话题作文审题

我们先掌握命题的审题,我们以上海高考试题"我想握住你的手"分析。

文章的要求大同小异:不少于 800 字。不要写成诗歌。不得透露个人相关信息。

从题目看,这是一个完整句子的题目,主语、谓语、宾语齐全,很清楚地叙述了一件事,即"我"(考生)"想""握住你的手"。文章写作重点就在"想"字上面,为什么"想"、怎样"想"这就是文章构思的重点。构思时,要想清楚这几个关键问题:"你"是谁,写一个"你",还是写几个"你"? 为什么要握住你的手,即握手的背后是什么? 既然想要握手,肯定是有一番话语要倾诉,此中的情感是什么? 或者对生活有什么认识要交流?

首先,从选择"你"的角度想:这个"你"可以是身边人物,如亲人、同学、邻居、过路人、老师、社区干部等;这个"你"也可以是当代知名人士,如事业成功人士或者弱势群体、超女、偶像、明星,都可入题;这个"你"也可以是跨越时空的人物,比如泰戈尔、爱因斯坦、杜甫、苏轼等;这个"你"当然也可以是文学作品中的人物。比如某个文学名著中的主人公,神话传说寓言故事中的人物等;这个"你"当然也可以是一些抽象的理念、概念,如写"节约""诚信""八荣八耻"。当然,这个"你"可以是具体的某个人,也可以是某一类人。但一般说来,选择某个具体的"人"容易写好,写具体,写生动,容易构思。

其次,"手"在题目中既是具体的,又是抽象的,重点在抽象意义上。"手"在这里指人物(你)的精神,非物质的东西。因为"你"有这个("手")。所以才想"握住你的手"。想"握住你的手",也是因为这个与"我"产生了心灵的共鸣,从而揭示出文章的主题。

再次,从文体上看,今年的题目有一个"我",而且是一个陈述句,这是近年高考题目中不多见的,因此,这个作文题目更适合写成记叙、抒情类的文章,这同以往侧重议论文考查是不同的,算是对以前的一个矫正,以引导学生全面训练作文。写这个作文题目,可以选择情理并茂的散文,情真意切的复杂记叙文,有点抒情色彩的议论文,抑或新颖曲折的小说或剧本等。

最后,"我想握住你的手",从题目上看,涉及两个主体即"我"与"你"。"我"当然指写作者,即考生自己;"你",无论是具体的人,还是抽象的概念,都是文章叙述的对象。在文章中,这二者是相互的关系,因为某个共同的东西走进了这篇文章。所以,在文章中,"我"与"你"应该有心灵和心灵碰撞,应该是相互倾诉。如握住泰戈尔的手,可以写与他交流对自然、对人性、对艺术、对真善美的大爱;握住爱因斯坦的手,可以写同他一起畅谈对科学、对人类命运的严肃地思考;握住杜甫的手,可以写与他共同体悟天下苍生疾苦的悲悯;握住苏轼的手,可以写同他一起面对人生波折坎坷、命运等。

作文要求我手写我心,要写出考生真实的丰富的内心世界,这是作文教学的基本要求,也是作文教学追求的根本目标,更是新一轮课改的方向。题目"我想握住你的手",就有利于考生在真情中感悟,有利于考生表达真性情,我手写我心,写出真实的丰富的内心世界。试想,考生对自己的写作内容和主题若无真性情、真体验、真感悟,仅只是搬弄一些套话,在外围隔靴搔痒或是无病呻吟地写议论,又如何写出打动阅卷者的好文章来? 但内心若有真实的情感体验,若有丰厚的积淀,平日对生活对文化、对历史有着深入地思考,这些有才华的考生是绝不会被埋没的。从这个意义上讲,写这个题目,就要写真情实感的东西,绝不能矫情,胡编乱造。正因为如此,这个作文看似好写,实则有一定难度,人人都可以下笔,都可以写作,但要写好,要出彩,必然要求写真话、抒真情,假话套话绝对不能得高分,因此这个作文题目区分度较大,能拉开档次,确实可起到通过高考选拔优秀人才的作用,同时也是符合考能力、考素质的要求的。

古人将完整的题目分为题身、题神和题眼,如《依依惜别的深情》,题身是"惜别"即主要内容,题神是"依依"即程度色彩,而题眼就是"深情"即核心关键。古人审题常用抓题眼的办法,如《陋室铭》的题眼是"陋"字。话题作文的审题一般从话题、材料、提示和要求四个方面入手,重点在于把握写作范围、写作重点,掌握作文限制,找出写作意图和写作的切入点。审题就是要注意题干的要求点。如字数、范围、文体等。然而由于话题作文中的话题是由命题者事先设定的,话题是命题人提供给所有考生的,它往往宽泛,我们应把握尺度,懂得话题的宽度和广度,就需要考生将之缩小,变成自己可以把握的内容。

从最近几年话题作文的考查来看,给一段话题引言是话题作文设计的一种有效形式,虽然这段引言的用意不是为了限制,但它是命题者对话题的一种提示,或者说是对考生所作的一些启发。因此,千万不能忽视这段材料,相反要仔仔细细地研读。要对一些看似不经意的地方多留一个心眼,问一问这儿是在提示什么问题;命题者在这儿设置了一个问句,是不是需要我抓住一个什么问题等。

"提示语"部分,一般置于"话题"的前面,常用一段或一两句提纲挈领的话概括材料的主旨或题意,框定作文的话题范围,适当限定考生的写作思路等,它在话题作文的写作中有着举足轻重的作用。

> 无论在个人经历中,还是在社会生活中,常常会出现令人难忘的转折,对此,你一定会有所感、有所思、有所悟。请以"转折"为话题,写一篇不少于 800 字的文章,除诗歌外文体不限。

这道话题作文题将引言和要求融在一起,许多考生只关注"话题"和要求中"除诗歌外文体不限"这两个方面,却忽视对第一大句引言的研读,有的甚至一扫而过,就匆匆下笔。很明显,这篇作文写作的成功与否的关键要素,全在对引言中的提示是否落实到作文中。首先,要关注"你",即要在文中表达"自己",不能只见"他人",不见"自己"。其二,要在文中表达"所感、所思、所悟",而不能只是记一件事或叙一次经历了事。有的考生只是在末尾带上一两句感受,这种"蜻蜓点水"式的感悟是不能达到这次话题作文要求的,因为没能充分体现出现代中学生对"转折"的认识和思考。

"提示语"对话题切入的角度有限制性作用。话题作文的命题通常都是有提示语的文字材料,由此引出话题,它展示写作话题概念的内涵和外延,敲定话题作文的写作范围,从而拓宽学生选材和立意的思路,尤其为学生提供写作的角度和切入点。因此,要写好话题作文,第一步就是要读懂"提示语"呢? 吃准话题的含义。怎样读懂"提示语"呢? 读懂"提示语"最快捷的方法是"九词审问",即运用人们思维中常使用的"谁""什么""什么样""怎么样""为什么""何时""何地""多少""假如"这样几个思维去解读提示语。方法是:从提示语所提供的信息中,找出写作的具体内容,明确自己文章的主旨,即明确自己在这个话题的范围内写什么事情,表达什么思想,阐述什么观点,抒发什么情感。如以"起点"为话题的作文题,有这样一段"提示语":

> 三年高中生活,你肯定有许多新起点,也许是学习上的点滴进步,也许是思想上的一次变化,也许是生活中的一点感受。有些人在起点前奋力拼搏,享受乐趣;有些人在起点面前犹疑徘徊,咀嚼着生活的苦涩⋯⋯

"提示语"的第一句话是"什么生活"——"高中生活",这就明确了写作题材的范围是"高中生活";第一句话的后半句"你肯定有许多新起点",你肯定有"什么"——"新起点",这就点出了话题——"起点"。"起点"后面的冒号,提示的是起点的内容"什么",三个"也许"是对许多新起点的诠释,实际上,它提示着考生可以从学习上、思想上和对生活的感受三个方面去选材。"提示语"里还有这样的内容,有些人在起点面前是"怎样"表现——"奋力拼搏",结果"怎么样"——"享受乐趣",有些人在起点面前是"怎样"表现的——"犹疑徘徊",结果"怎么样"——"咀嚼着生活的苦涩"。这样一问一答,演绎设问,就为你的立意选材敲定了方向。

再举一例,有一年,一个地方的中考与高考都出现了以《家》为话题的作文,中考试题前有这样一段提示语:

> 家是什么? 是难舍的亲情,是温馨的集体,是亲爱的祖国。在这里,父母用慈爱的伞为儿女撑起一方晴空,儿女以孝顺的心给父母奉上一丝慰藉;在这里,洋溢着浓浓的师生之情,伙伴之谊……

提示语的第一句"家"是什么? 是难舍的亲情,是温馨的集体,是亲爱的祖国。虽然没有给"家"下一个准确的定义,但这三个分句却形象地将"家"这个概念作了诠释,说明家是一个以亲情融合组合的温馨集体,家有大小之别,即指出它的外延,有"小家""大家"。这样一审题,就会发现在作文外延中中有"亲情""温馨集体""小家""大家——集体、国家"。这样可写的东西就多了,可选择的余地就宽了。提示语的第二句可这样设问,在这里都发生什么事? 都表现出什么思想感情? 这一问在敲定写作范围的基础上进一步确定了文章的中心句,即你所要写的是一件或几件什么事来表现什么情思。

材料作文主要可从四个角度审题:顺向、反向、延伸、类比。例如:

> 有个鲁国人,擅长织麻鞋,他的妻子擅长白绢。他们想到越国去居住,于是有人对他们说:"你们将会贫穷不堪了。"这个鲁国人问他是何道理,说:"麻鞋是穿在脚上的,而越人是赤脚走路的,绢是做帽子的,而越人是披发的,你们夫妻的特长,在越国是无用武之地的,怎么不穷呢?"

针对上述材料,可以运用"四角度"来审题立意,方法如下:

顺向立意,就是在思考问题的过程中,思维顺着原材料所告诉读者的指向和信息去考虑、去分析:由于越人赤脚走路不戴帽子,那么鲁人到越国去必会穷。这就告诉考生无论做什么事，都不能脱离实际。这种立意的好处是能紧扣材料的基本倾向、主要观点，因而不会出现偏题、走题的现象。

反向立意，就是把原材料的问题倒过来思考和分析，从相反的角度对原材料提出质疑：鲁人到越国一定会穷吗？考生会认为正因为越人赤脚、披发，鞋帽才大有市场，就会得出鲁人未必会穷的结论。就要求鲁人敢于尝试，敢于改革，敢于冒险。这种立意是一种逆向思维，能开拓学生的思维能力，写出新意，是寻求新思想、提出新见解、阐发新理论的一思维角度。事物往往有其对立面。反向开拓，就是从论题的反面着眼，把思路向与论题相反的方向延伸，通过否定来达到论证论点的正确与必要性。分两种情形：一种是先从论题反面的现象说起，论述其错误或危害，在否定中指出正确的主张（论点），以揭示提倡这种主张的必要性和重要性。如《拿来主义》一文，为了阐述"拿来"的主张，鲁迅先从"不拿来"的现象说起，阐述"闭关主义"、"送去主义"的危害，从而确立了要"拿来"的主张；另一种情形是提出论点后，或由正及反，或由反及正，展开说理，构成正反对比，在对比中阐明主张，在比较鉴别中使论点得以论证。如课文《改造我们的学习》，就摆出主观主义与马列主义的截然不同的学习态度来加以对比，以阐明为什么要改造的。

顺向延伸立意，就是在原材料已知内容的基础上，对原材料作合理的联想，进行恰当的推理、引申，鲁人听了劝告之后，会有什么反响呢？去还是不去？去与不去各将产生什么样的结果呢？这就需要考生作恰当的想象，从而得出"亏本生意做不得""无用武之地焉能致富"等观点。这种立意是顺向立的更深一层的发展，有利于学生想象思维的进一发挥，使学生能够进行恰当合理的逻辑推论，写出立意新颖、主题深刻的文章来。

类比立意，就是通过联想类比，把材料的已知内容与现实生活中的内容联系起来考虑、比较，找出现实生活中有哪些事物或事理与材料中的内容有相似点。考生通过对比发现：办企业、做生意与鲁人织鞋和织白绢一样，要考虑当地的生产、消费、风土人情等情况，也要考虑当时当地的需要与可能。这立意便于联系实际，提炼深刻、高远的主题，使写作富有浓郁的时代色彩和生活气息。

## 二、多角度思考,小角度切入

话题作文给你写作的空间较大,可写的东西很多,但是不可能都写,这就要求细化话题,即化大为小,化粗为细,化难为易,做到多角度思考,小角度入题。如下面一则话题作文。

窗是人类的一大发现,窗子的种类很多,用途很多,关于窗子的比喻、联想也很多。比如学习之窗、心灵之窗、电脑电视窗等。请围绕"窗"字展开联想,写一篇文章,题目自拟。

这样的以"窗"为话题的文章怎样入题?怎样确定切入点?

从提示语中可以看出命题者为考生选材立意提供了广阔的空间,通过联想可入题的角度很多,运用"九词"设问法可以为你找到入题的最佳角度。

1.窗有什么功能?为什么说"窗"是人类的一大发明?可写说明文也可写议论文。

2."窗"的发展史是什么?窗的变化与社会发展、生活变化有什么关系?可以就此发表议论。

3."窗"有什么比喻意义和引申意义?从这些比喻意义、引申意义上着眼,可以联想到如下一些切入点:人的眼睛是心灵之窗;一张照片是童年之窗;电视、报刊是社会之窗;天安门是中国之窗;大使馆是国家之窗;柜台是商业之窗;文物是历史之窗;细胞、DNA 是生命之窗……

4.窗外景色有什么变化?窗外的世界有什么精彩之处?将窗外的风景与大自然联系起来又有不少可写的东西。

5.窗外有什么故事?窗外有老年迪斯科、共青团志愿者、邻里亲情……可以用散文和小说的体裁来表现窗外发生的故事。

6.还可以写成说明文,如苏州园林的窗有什么特点?北方窗花的艺术风格是什么?

以上这些都是运用"九词"设问法围绕"窗"这个话题打开的思路,然后根据你占有的材料,熟悉的程度和自己擅长的文体来确定你的切入点,这样就可以避免大而空,杂而散,真正做到化大为小,宽题窄做。

有的话题作文提示语不多,常用省略号提示考生要通过联想和想象完成话题的外延,从而展开多角度、多层次、全方位的思考。这种情况可采取纵横开合法。

纵——纵向思考,按时间顺序,古往今来地联想。如以"水"为话题,可联想到整个中国历史与水有什么联系,产生过什么样的故事:大禹治水,李春设计赵州桥,隋炀帝开凿京杭大运河,旧社会发洪水造成的悲剧……新中国成立后兴水利,疏河道,筑大堤,小浪底三峡工程,南水北调,全国军民战胜洪水所谱写的感天动地的英雄篇章,于是"可提炼出中国的历史是水"的抒情主题。

横——横向思考,按空间顺序四面八方的联想。想一下与水有关的成语、俗语、谚语、名言都有哪些,如"水能载舟,亦能覆舟""流水不腐""人往高处走,水往低处流""水至清则无鱼"等,这些都可以拓宽你的思路。

开——发散思考,由一点向四周辐射的开放性思考。如由水与自然的关系,联想到与社会和政治的关系,由香江联想到1997年香港的回归,联想到长江、黄河、香江水的融合,以"万水朝宗"象征祖国统一大业这样一个主题。

合——集中思考,由四周向一点集中的思考的方法,也就是由多角度向小角度收缩,根据自己的知识积累和语言表达能力最后敲定话题作文的切入点。

话题作文的话题一般都较为抽象和宽泛,考生最易犯"贪大求全"的毛病。如要求以"奥运"为话题作文,如果只是一味空喊"支持奥运""我为奥运添光彩"等口号,却写不出一件关心奥运的具体事情,这样文章味同嚼蜡,自然不会是好文章。

从小角度入题,就是细化话题,把内容宽泛的话题细化成具体的自己可写的小事情上,为大题目、宽题目、虚题目找一个小巧的突破口,以小题材反映大主题,从小事上挖掘出深刻的闪光的思想。例如以"变化"为话题,你若锁定写家乡的变化,再细化为是写物质的还是精神的,如写精神上的你再缩小角度,写人的思想观念的变化,紧扣时代精神,于是把"变化"这个大而宽的话题细化缩小到一件小事,以奶奶穿皮鞋为切入点,通过奶奶思想观念的变化,反映改革开放给农村带来的巨大变化。

总之,话题作文一定要本着这样一个原则:多角度思考,小角度入题,真正做到细化话题,化大为小,化难为易。把文章做到实处。

### 三、确定文体,完美表达

在上述思考之后,要确立自己写作的文体。各类文体都有自己的写作特点,记叙文文体主要运用记叙、描写、抒情等表达方式,运用顺序、倒叙、插叙等写作顺序,内容具体形象。一般记叙文有时间、地点、人物、起因、经过、结局等六要素;小说有环境、人物、情节等三要素。议论文主要运用议论、说明的表达方式,论点、论据、论证齐全。论点要正确、鲜明;论据要确凿、典型。

写作时还必须选择那些能表达文章中心的材料,在题目所允许的天地里,考虑在自己所贮藏的素材中,有哪些材料符合题意的要求,就应该选取这些材料;而与题意毫无关系的材料,就要毫不可惜地舍弃,即使是十分生动有趣的材料,也要毫不可惜地舍弃。俄国作家契诃夫的一句话,很形象地说明了这点。他说:"要知道在大理石上刻出人脸来,无非是把这块石头上不是脸的地方剔掉罢了。"题意就是告诉我们哪些是"不是脸的地方",哪些是"是脸的地方",哪些需要"剔掉",哪些需要"保留"。这样按照题意要求选材,保证了材料准确、切实。

总之,面对话题,只要我们认真思考,深入理解,拓展思维,就完全有可能获得新颖的见解。新颖的观点,是高考作文中最为耀眼的"亮点",一篇作文,能在普通的材料中发现别人未发现的东西,写出别人未曾想到的观点,一定能令阅卷老师拍案叫绝。但需要指出的是,追求"见解新颖",一定要建立在合情合理合法的基础之上,如果一味"求新"而流于怪谬,则不可取。

下面是全国课堂大赛"构思立意训练"作文教学指导的一个实例①。

题目:风,有自然界的,有人类社会的;有的可爱可亲,有的可怕可鄙……

请以"风"为话题,自拟题目,写一篇不少于700字的文章,除诗歌外,文体不限。

师:"风",可是个大题目,但我们可以大题小做。请每个同学选定一个角度,说一种"风"。说什么,怎么说,为什么要这么说,这就是

---

构思立意的问题。写文章口子要小,拓展要宽,开掘要深。请大家思考五分钟,写一个简要提纲。

生:(全场寂静。学生紧锁双眉,聚精会神,舞文弄墨,笔声嚓嚓……)

师:(5分钟后)现在请大家把自己的构思立意和同学们交流交流……

生1:我说一说"清风"。

师:哦! 清风爽人嗬!(笑声)

生1:清风指春风和夏天的凉风,它有四个特点——

师:特点还不少呢! 很愿意洗耳恭听。(笑声)

生1:(来劲儿了)第一是"柔",当你心情不愉快时,清风拂身,就好像亲人在抚摸你,顿时,你会百忧全消。(掌声)

师:体会真切! 还有呢?

生1:第二是"轻"。当你感到全身困乏疲惫时,清风拂面,你精神就会为之一爽,瞌睡也溜跑了。(笑声)

第三是"暖"。当你度过了漫漫的寒冬,春天来了,春风来了,"春风送暖",暖意涌心头,干事就更来劲儿了!

师:好,那第四点呢?

生1:那就是"润"。春风总是伴着春雨,所谓"春风化雨",滋润万物,茁壮成长。由此,我不禁想到我们的老师,他们不就是化雨的春风吗?(鼓掌)

师:(兴奋地)听了他的一番谈论,犹如春雷贯耳,春风吹人。四个特点抓得准,或借物抒怀或托物言志,情真词切。如果细腻地写出来,就是一篇抒情美文。在此,我为他叫好!(热烈鼓掌)

请继续发言。

(众生举手,择其一)

生2:我来说说秋风。

师:好啊,由春夏说到了秋冬! 该不会是"秋风,悲哉"吧?(笑声)

生2:是的,秋风,人们都不大喜欢它。你看,秋风一刮。飞沙走石,万木萧疏,一片凄凉景象。所以自古以来,文人骚客都要发出悲秋的哀叹。但我却要赞美秋风!(哇,众生赞叹)

师:敢于和古人唱反调,甚佳!

生 2：秋风有强大的威力，是一种劲风。记得雷锋同志这样说过："对同志要像春风般温暖；对敌人要像秋风扫落叶一样冷酷无情。"如果把我们的国家、党和政府比作一棵大树，把那些刑事犯罪分子和腐败堕落分子比作大树上的枯枝败叶，那么我们就要以秋风扫落叶之势，把那些害虫一扫而光。（热烈鼓掌）

师：（无比兴奋）说得好。言常人之未言，发常人之未发；且联系生活，立意深刻。如果写出来，可能就是一篇优秀的托物言志的散文。请继续发言。

（众生举手，择其一）

生 3：我要歌颂一种"风"，那就是"助学风"。

师：好的。由自然风，延伸到了社会风。想听听你的高见。（掌声）

生 3：我不想空发议论，只想选择几个典型材料来赞美"助学风"。

材料（一）：一个城市的小孩捐出了自己多年积下的压岁钱。（哇，学生赞叹）

材料（二）：一个拾破烂的老大爷捐出了他的辛苦钱。（哇，众生赞叹）

材料（三）：一个腰缠亿万的富翁捐出了百万巨资兴校办学。（耶，众生叫好）

师：（挑逗地）这些材料都是你亲眼见到的吗？（笑声）

生 3：（尴尬了），不完全是，有的是我听说的，有的是报上的！（哄堂大笑）

师：好的，只要是来自生活的，就都是真实的。（笑声）假如你能具体生动地把这些事叙述描写出来，一定是一篇成绩甚佳的记叙文。还有发言的吗？（众生举手，选其一）

生 4：我来说一说"跟风"。（啊！众生感到新奇）现在社会上有一种跟时尚、追潮流的风。此风有可跟可追的，如"兴学风"——（生 4 思维受阻，列举停顿）

师：（因势利导）请大家帮助他列举一些"跟风"。

众生：（七嘴八舌）助残风，学电脑风，知识竞赛风，种花养鸟风，青年志愿活动风……（课堂活跃）

师：请生 4 往下说。

生 4：有些风可不跟或不可跟，如"贪污腐化风"——（思维又受阻）

师：请大家再给点帮助。

众生：（七嘴八舌）打牌赌博风，请客送礼风，求神拜佛风，追星风，追名牌风，过分暴露风……卖淫嫖娼，吸毒贩黄风。（哄堂大笑，课堂气氛形成高潮）

师：这一点依我看还未成"风"，八面来风。（笑声）倘若对这些风分类加以评述，不又是一篇好评论吗？还有想发言的吗？（众生举手，择其一）

生 5：我单说一说这个"风"字。

师：欢迎！怎么说？

生 5：先说风的种类，再说风是怎样产生形成的，然后说风的好处和危害，最后说怎样利用风为人类造福。

师：（夸奖地）你又构思了一篇科技说明文。说得全面，说得有序！还有要发言的吗？（众生举手，择其一）

生 6：我想说"东风"。此"东"不是冬天的"冬"，而是东西南北的"东"。

师：好，真是独辟蹊径，异想天开！好，请发表宏论。（笑声）

生：（激昂地）毛主席有句名言："不是东风压倒西风，就是西风压倒东风。"

师：从哪里听来的？（笑声）

生 6：从爸爸珍藏的一本《毛主席语录》上看来的（笑声）。此话极为精辟，印象尤深。西风象征资本主义。在当时我们国家不强大，尽受西方的帝国主义欺负，毛主席要我们发愤图强，战胜资本主义势力。如今在邓小平建设中国特色社会主义思想理论指导下，我们走改革开放的道路，在经济上、科技上、体育上，已经赶上或超过西方资本主义，东风压倒西风。因此，我要赞美东风，歌颂社会主义制度，歌颂邓小平理论的伟大胜利。（全班热烈鼓掌）

师：（无比兴奋、激动地）听了同学们的发言，我感到无比欣慰。大家以"风"为话题，各人都从自己的知识积累、生活体验和兴趣爱好出发，说了许多种风，真是千姿百态，异彩纷呈，充分张扬了自我的个性，抒发了自我的情怀，倾吐了自己的心声。大家情动于衷，浮想联翩，构思新巧，并且采用记叙、描写、议论、抒情、说明等多种方法表情

达意,体现了话题作文的自主性和创新性,也充分展示了同学们的创新精神和创造的灵性。我再一次为大家叫好。(热烈鼓掌)

下面我根据同学们的构思立意,做一些综合概括,供大家参考。(放映动画课件)

"风"的构思立意:

[角度一]大自然的风

构思立意(1):描写自然的风,或美或恶;抒发自己的情怀,或爱或憎。

(写景、状物、抒情——抒情散文)

构思立意(2):介绍风的知识,或说明或想象;谈怎样利用风为人类造福。

(以说明为主,兼以描写——科技说明文、科学小品、科幻小说)

[角度二]人类社会的风

构思立意(3):叙述、描写社会上的优良之风,赞美歌颂新时代、新人物、新时尚。(叙述、描写、议论、抒情结合——记叙文)

构思立意(4):叙述、描写社会上的不良之风,揭露鞭挞坏人、坏事、坏风气。

(叙述、描写、议论、抒情结合——记叙文)

构思立意(5):评述社会上优良之风或不良之风,扬善除恶,扶正祛邪,促进精神文明建设。

(或夹叙夹议,或议论为主——议论文)

[角度三]自然风与社会风结合

构思立意(6):描写自然风与社会风结合风的特点。由物及人,展开联想,或抒写情怀,或发表见解。

(描写、议论、抒情——托物言志散文)

这堂作文指导课开拓了学生的视野,这位教师采用的就是头脑风暴的训练方式。头脑风暴又称思维风暴,主要是刺激和引导学生探索写作内容的多种可能性,它有个体型和集体型两种。开始写作时,让学生在纸片上用尽可能多的词语记下他们想到的东西,哪怕这些想法是瞬间的,尽快记下这些思想,然后根据列出的写作内容要点,进行分类、选择和组织,学生的发言不是重复别人的故事和任何虚伪浮华的东西,它是自己的心灵和感情的倾诉和释放。教师的责任是帮助学生使他们把内心深处最真实的思想充分并且理想地展露出来。然后帮助学生发现写作内容，又让学生懂得如何把心里所想的恰如其分地表达出来。

开拓思维是要引导学生打破常规，从多方面寻求标新立异，发现新的角度，提出新的属于自己的见解，另外还要引导学生认识事物的本质，使作文更具有说服力。思维训练氛围的创设可以遵循从简到繁，循序渐进的原则，形成递进。例如，有一位教师在教完"守株待兔"的寓言故事后，先让学生对故事的本质感想说上一段话，于是学生在片刻的茫然不知所措之后，思维便开始活跃起来，他们随便选择某个不同的角度说出自己的所想。接着，分析、摒弃错误的观点，综合、升华正确的思想，提高认识事物本质的能力，进一步加以精美的词句凝练、表述，提高文采。第三步，才让学生把刚才的讨论动笔写下来，不仅有自己的思想，而且还渗透了别人的思维，融进了其他有益的成分，这对提高作文水平是很有益处的。突破口应是思维角度的变换。通常情况下，则是引进时代的源头活水，变封闭式思维为开放式思维，在与现实生活的对话中揭示某一传统观念、经验，某一材料传统意义的局限和不足，进而生发新意，写出与众不同、独树一帜的文章。

深入思考、见解深刻的文章，往往给人以启迪，给人以较高层次的理性享受。我们不要求每一个学生都成为文学家、文章家，但我们可以通过正确地引导，鼓励学生养成乐于思考的习惯、善于思考的品质，从而使他们的文章发散理性的灵光。

# 表达思维技巧
## ——缀千文而为锦

---

## 6.1　作文离不开语言

如果说立意是一篇作文的灵魂的话,那么语言便是它的美丽面容了。当深刻的立意和新颖的构思了然于胸时,成就一篇优秀作文的基石已经奠定。但实际上不少学生有了这块基石却仍然得不到高分。其中一个重要原因在语言运用。简而言之,语言和思想不相匹配。唐代的散文家李翱在《答王载言书》中也指出:"义虽深,理虽正,词不工者不成文。"

语言是人类社会作为思维工具和交际工具来使用的一种意义结合的符合系统,是作者用来表现思想感情的材料和工具。语言是思想的外衣,是思维的外壳,文章的肌肤,表情达意的工具。语言既是工具,又是内容的组成部分,"语言和思维存在着紧密关系,两者是不可分割的整体。人是借助于语言文字(语文)进行思维的。没有语言,思维、观念便无法清晰地呈现出来"①。诺贝尔文学奖获得者马尔克斯曾经说过,他写作是同每一个词搏斗,他希望自己的作品从第一行起到最后一行都能紧紧抓住读者。的确,它好比一个人的外衣,光亮与否,直接影响别人对你的第一印象。洁净、合体的服装,首先给人以愉悦之感。语言能力不一般,富有文采,就能充分显示表达者的文化底蕴和写作才气,语言美,决不意味着铺陈堆砌华丽的辞藻,它指的是准确、得体,是生动、形象、富有表现力。句子不通,语流不畅的文章,不管你观点如何深刻、新颖,构思如何巧妙、严谨,也很难打动读者。孔子早在两千年前就说:"言之无文,行而不远。"文章要讲究文采,讲究美,文章是一种韵味、一种光泽、一种气派、一种亮丽。所以说,没有文采的文章,就难以传播。在考场作文中,语言如无文采,也是不会感染人的。高尔基在《家庭美育》中指出:"作为一种感人的力量,语言真正的美,产生于言辞准确,明晰和动听。"优美的文字往往会给人以爱、希望和力量。品读美文,能给渴求知识的人以智慧和启迪;给踌躇满志的人以希望和指引。老师平时判作文,若发现谁在作文中恰当地运用了课文中曾学过的词语,他的精神会立刻为之一振;若见到谁用了一个未曾学过的词语,则会喜不自禁。

　　学生作文写作尽管需要具备选题、取材、构思、技巧等多方面的能力,但这一切都必须也只能通过语言来体现、来完成。语言的生命力就是具有特别的新颖性和独创性,好的语言,不应该是借用别人的语言、仿拟别人的表达模式来装饰自己的思想,而应当丢开一些套板,追求自己独特的表现样式,去进行一种真正的创造。朱光潜说:"一个人的心理习惯如果老是倾向这种'套板反映',他就根本与艺术创造无缘。"②就作文语言表达而言,语言的寒碜,预示着思想的枯萎,语言的朗润,显示了思想的丰硕。语言的活力总是和思想的生命力同步。作文的完成要靠语言,情感的流露要靠语言,个性的彰显要靠语言,思想的传递要靠语言……可以这样说,写作中的语言实在是考生文化修养、人格魅力、胸襟气度的写照。

　　语言表达的水平直接影响作文的表现力和感染力。只有了解语

---

　　①　赵鑫珊:《"文"这个汉字》,载《语文学习》2003年第11期。
　　②　朱光潜:《文艺杂谈》,安徽人民出版社1982年版,第37页。

言的特点,并且有比较丰富的语言储备,才能写好作文。语言的表达效果,直接关系着作文的质量。生动优美的文笔是语言通顺的基础上一个更高等级的要求,我们仅以高考作文语言项"有文采"作一个解读。

高考作文发展等级"有文采"一览表

| 考纲要求 | 词语生动 | 句式灵活 | 善用修辞手法 | 文句有意蕴 |
|---|---|---|---|---|
| 关键词 | 形象 新鲜 | 长句与短句<br>整句与散句 | 常用常见 | 话里有话<br>耐人寻味 |
| 基本含义 | 能用生动形象的文学语言和事理增强语言的艺术审美效果。也可以用陌生化的语言,使语言新鲜富有创造力。 | 语句要有变化,即根据表达的对象、目的和具体语境变换不同的句式。 | 善于选用恰当的修辞格,善于运用多种修辞手法,包括冷僻的修辞格。 | 语句富有哲理和文学意味,能承载更深层次的意思,意蕴旨远,富有张力。 |

什么叫"文采"?就是指文学艺术方面的才华。《现代汉语词典》解释之一是多指文章的语言优美。对于高考作文而言,就是同学们在作文中所显露出来的文学素养,文学素养是语文整体素质中的一个重要组成部分,它由文学语言等因素构成。对于驾驭语言技巧还不娴熟的中学生来说,锤炼语言,讲究语言的文学性,显得尤为重要。语言的准确形象、生动活泼、有文采,这是在语言通顺、规范、准确、连贯、得体的一般要求的基础上提出的高一层次的语言标准。或是用词生动,或是词语丰富,或是句式灵活,或是善于运用修辞手法,或是文句有意蕴。如果说,语言是文章大厦的构造材料,那么,是否也可以说,文采是构造材料的装饰,或者说,文采是富有装饰性的构造材料。我们知道,语言好不好,大致是包含了语法、逻辑、修辞三方面的因素,而语法是管通不通,逻辑是管对不对,修辞是管美不美——文采主要体现于修辞,因而,文采是评价语言的一个重要方面。如果给文采下个定义的话,文采当指经过修饰、润色,富有优美感,具有表现力的书面语言。或谨严凝练、淡雅质朴,或清新活脱、洋情溢采,或言简意丰、含蓄隽永,或汪洋恣肆、大气磅礴……都是有文采。

作文的魅力究竟在哪里?在于遣词造句的人,在于我们这些拿笔的同学。我们学会用文字来表达思想，用文字来进行交流，用文字与你作着心灵的对话。这样，我们的作文才有真正的意义。

有文采、有灵性表现在哪几个方面呢？

# ━━┃ 6.2 准确才能传神(用词) ┃━━

写作需要有新颖之意，独到之识，真挚之情，优美之形，但这些构思还只是灵动的游鱼、虚幻的影踪，待诉之于笔端，有的早已是"云深不知处"了，大多考生有这样的体验：想明白的未必说明白，说明白的未必写明白，写明白不一定能写生动。有的同学事先总是想得很好，却写不出来，即使勉强写了出来也不生动、不感人，与自己原来的意愿大相径庭。由此可见，从构思到成形，其间还有一条沟壑，考生要穿越沟壑、捕鱼入厨、聚影成像，不借助工具是不行的，而这个工具就是语言。

语言是思维的工具，是思想的外衣，文章的肌肤，表情达意的工具。富有文采的语言会给人以最高的美学享受。著名哲学家、物理学家爱因斯坦说："一个人的智力发展和他形成概念的方法在很大程度上是取决于语言的。"(《爱因斯坦文集》第一卷，第 395 页)毛泽东在《反对党八股》中也说过："如果一篇文章，一个演说，颠来倒去，总是那么几个名词，一套'学生腔'，没有一点生动活泼的语言，它岂不是语言乏味，面目可憎，像个瘪三吗？"

诚然，一个没有很好掌握语言这一思维工具的人，其智力发展会受到很大的限制。语言是写作能力中最基本的因素，好作文都有一种与人不同又能为大家所喜欢而产生共鸣的格调，有一股浓浓的醉人心脾的底蕴味儿。新课标提出积累各种素材、加强背诵的要求。要求"在阅读中积累词语""积累自己喜欢的成语和格言警句""积累课文中的优美词语、精彩句段，以及在课外阅读和生活中获得的语言材料"。我们的作文教学必须引导学生保持对言语的尖锐的敏感和极端的谨严，引导学生感知、体验经典作品是如何将心里所说的与手里写出来的做到完全一致。积累语言材料，其实是感性的语言模块的整体储存，它可以看做生活经验材料，也可以看做形象材料，或者思维材料、情感材料，这些材料储存于大脑，将成为学生的终身营养，也就是语文素养的重要构成，一旦被激活，就会产生综合效应，极有利于接受和表达能力的整体提高。

巴甫洛夫曾经指出："鸟的翅膀无论多么完善，如果不依靠空气支持，就不能使鸟体上升。"同理，在应试写作中，如果没有语言的支持，再好的主题也难以存在，再好的思想也难以表现，再好的情感也难以寄托，整个文章也难以升腾。如果一篇应试作文会使人"听到这种语言，心中感到暖洋洋的，会让心情舒畅"（别林斯基），就必须使用好语言。古往今来，文人墨客们为我们留下了许多锤炼语言的佳话。"语不惊人死不休"，是杜甫炼字炼句的铮铮誓言；"吟安一个字，拈断数茎须"是卢延让锤炼语言时的真实写照；"求得一字稳，耐褥五更寒"表现出欧阳修对锤炼语言的执著；"最简单的笔调，需最艰苦的练习"则道出了泰戈尔成功的秘诀……古今中外的大作家们尚且如此讲究炼字，重视锤炼语言，更何况我们这些初学写作的学生呢？

在高考中，语言项的要求是规范、连贯、得体。所谓规范，就是符合汉民族的语言习惯、符合现代汉语语法规则；所谓连贯，是指句与句之间联系紧密，语意贯通；所谓得体，就是指既合乎文体特点，又合乎语言交际的环境。考生做到了这几点，就基本上达到了高考测定的语言指标，由此而取得语言项的分数不是难事。然而要夺取考场作文的胜利，让自己的文章出类拔萃，还须增强语言的文采魅力。我们在磨砺思想、深化情感的同时做好语言的"亮化工程"，做好语言的字斟句酌。

## 一、词语生动，善用动词

要做到词语生动，首先必须积累丰富的词汇。苏联诗人马雅可夫斯基曾经指出："你想把一个字安排停当，就需要几千吨的语言矿藏。"这是很有道理的。文章中的字、词、句等语言要素，就像建筑中所用的沙、石、砖、木、水泥等一样。因此，我们必须在词语的积累上花大力气、下大工夫。只有掌握了丰富的词汇，才能区别出事物之间的细微差别，从不同的侧面、不同的角度，把事物栩栩如生地描绘出来；只有掌握了丰富的词汇，才能明快、简洁、准确地表现出事物的本质特征；只有掌握了丰富的词汇，才能使文章的风格自然、清新。

动词是句子内涵的关键,所使用的动词,要尽量精确,直至无可替代,构成唯一性。所用动词,必须具有可感性,具有可感性的动词,往往能触发读者丰富的联想。所谓可感性,就是指人们常说的有"感触性",有"浮雕感"。这种动词本身就具有鲜明的形象性,其动态造型的功能很强,用它描绘的事物往往具有浮雕感。在文章中,使用了这样的动词,就能使人展开联想的翅膀,充分发挥形象思维的能动作用。容易触发读者共鸣或丰富的联想;所用动词,必须能反映人物的性格特征;所用动词,必须蕴涵作者的爱憎。成功的行动描写往往给人留下极为深刻的印象,孙悟空的"抓耳挠腮",孔乙己的"排出九文大钱"都是行动描写的范例。福楼拜对他的学生莫泊桑说:"无论你所要讲的是什么,真正能表现它的句子只有一句,真正适用的动词和形容词也只有一个,就是那最准确的一句、最准确的一个动词和形容词。"中国的文字浩如烟海,同一个意思可有多种表达方法。遣词造句时,应该"刻意"雕琢,"舍得"推敲,精心挑选那些最精准入微、最生动传神的词语来表情达意。尤其是在动词选择上,运用得好,必会收到"一字传神"之功效,整篇文章也会因这一两个字而靓丽夺目,光彩照人。你无法猜想月明星稀的那个晚上,僧侣轻"敲"门扉的声音何以久久回荡。也无法理解"红杏枝头春意闹",那首脍炙人口的"闹"引来多少遐思。古往今来,我国许多有大成就的文学家,都十分重视"炼字",也就是注重对词语的比较、选择、推敲,如贾岛对"僧敲月下门"中"敲"字的斟酌,王安石对"春风又绿江南岸"中"绿"字的选定,宋祁对"红杏枝头春意闹"中"闹"字的妙用,等等,已成为千古流传的佳话。他们这种刻意追求用词准确传神的精神,值得我们学习。在中学语文教材中,有许多凝练生动的优美词句,鲁迅的小说重视人物性格的刻画,用几个动词揭示人物的精神世界,用一个人物反映一个民族、一个社会、一个时代。那么怎样才能称为善用动词呢?

第一,要描写人物富有个性特征的习惯性动作,以此表现人物的思想、性格。

"喂!一手交钱,一手交货!"一个浑身黑色的人,站在老栓面前,眼光正像两把刀,刺得老栓缩小了一半,那人一只大手,向他摊着;一只手撮着一个鲜红的馒头,那红的还是一点一点地往下滴。老栓慌忙摸出洋钱,抖抖地想交给他,却又不敢接他的东西。那人便焦急起来,嚷道:"怕什么?怎的不拿!"老栓还踌躇

着;黑的人便抢过灯笼,一把扯下纸罩,裹了馒头,塞与老栓;一手抓过洋钱,捏一捏,转身去了。(鲁迅《药》)

刽子手康大叔的残忍、粗暴通过一组动词表现得淋漓尽致,作者对康大叔取钱的动作描写,用了“抓”“捏”等动词,准确地写出了他接钱、数钱的熟练程度,生动地刻画了康大叔凶狠、贪婪、惯于敲诈的丑恶嘴脸。同样是在《药》中,作者还抓住了康大叔开口便“嚷”的习惯性动作加以描写,前后四处,用了五个“嚷”字,鲜明地刻画了康大叔肆无忌惮、蛮横凶恶、毫不知耻的性格特点。

第二,要善于捕捉人物细微的动作,以此反映人物的心理。

女人的手指震动了一下,想是叫苇眉子划破了手。她把一个手指放在嘴里吮了一下。(孙犁《荷花淀》)

作者用“震动”“吮”两个动词准确、细致而生动地写出了水生嫂得知丈夫明天就要上大部队去的消息之后丰富、复杂、细腻的情感世界及其微妙的心理变化,一个关心丈夫、体贴丈夫、但又深明大义、顾全大局的思想进步的青年妇女形象跃然纸上。

第三,要描写人物连续性的动作,使描写富有动感,以此传神。

冬天的百草园比较的无味;雪一下,可就两样了。拍雪人(将自己的全形印在雪上)和塑雪罗汉需要人们鉴赏,这是荒园,人迹罕至,所以不相宜,只好来捕鸟。薄薄的雪,是不行的;总须积雪盖了地面一两天,鸟雀们久已无处觅食的时候才好。扫开一块雪,露出地面,用一枝短棒支起一面大的竹筛来,下面撒些秕谷,棒上系一条长绳,人远远地牵着,看鸟雀下来啄食,走到竹筛底下的时候,将绳子一拉,便罩住了。(鲁迅《从百草园到三味书屋》)

这段文字的最大特点就是用词准确精炼,形象生动地描绘了雪地捕鸟的整个过程,表现了儿童好动的性格,对捕鸟的喜好。读来让人如临其境。其中一连串的动词“扫、露、支、撒、系、牵、看、拉、罩”九个动词用得十分准确。

有一个同学描写学生临摹字帖由不太熟练到熟练的动作时,其中有这样一段:

他想起了老师的教诲,便重振旗鼓,先将袖子向上捋了捋,然后提起笔,把笔尖舔饱满;另一只手将纸铺平,眼睛眯得细细地将字帖上的字瞧了个透,接着抬起手腕,笔尖着纸,先是顿了顿,然后运用腕力将笔横着往右一拉:啊,总算是成功啦。

作者用"捋、提、舔"和"铺、眯、瞧、抬、着、顿、拉"等一连串的动词,细致、准确、生动地写出了赵奇练字的准备动作和练字过程的动作,极富动感,使人如临其境,如见其人。

第四,行动描写也往往和其他描写方式相结合,以此更好地反映人物的心理,刻画人物形象。

> 月光如流水一般,静静地泻在这一片叶子和花上。薄薄的青雾浮起在荷塘里。叶子和花仿佛在牛乳中洗过一样;又像笼着轻纱的梦。虽然是满月,天上却有一层淡淡的云,所以不能朗照;但我以为这恰是到了好处——酣眠固不可少,小睡也别有风味的。月光是隔了树照过来的,高处丛生的灌木,落下参差的斑驳的黑影,峭楞楞如鬼一般;弯弯的杨柳的稀疏的倩影,却又像是画在荷叶上。塘中的月色并不均匀;但光与影有着和谐的旋律,如梵婀玲上奏着的名曲。

课文《荷塘月色》中作者对月光的描写,"泻""浮""洗""笼",不同的动词,淋漓尽致地描写出了月光之美。

> 如果我们惶惶不可终日,始终感到没有一个合适的位置,那么周围的一切就会变成主人,我们得跑前跑后地伺候着,我们得忽左忽右地奉承着,我们得上蹿下跳地迎合着,我们得内揣外度地恭维着。(学生优秀作文《位置》)

这个学生就将人物的心理与动作结合起来,使人觉得可信。

有个同学写父亲的艰辛,"几十里山路还等着空腹的父亲去丈量"。"丈量"也生动地刻画出父亲行走的艰难。

> 母亲用手摸了摸箱子的冰冷的皮,将臂肘靠在上面,很满意地望着大家。……她手里毫不吃力地提着箱子——箱子并不大——走过去,她抬起了头,打量着在地面前闪现的人们的脸。(高尔基《母亲》)

这里作者将人物的神态"很满意地""毫不吃力地"与动作"望""提"紧密地结合起来,写出了母亲在接到传单、准备到外地散发传单时,内心激动、兴奋而又高度警觉,更反映了母亲对革命的高度责任感。

"语不惊人死不休",是杜甫炼字炼句的铮铮誓言。"吟安一个字,拈断数茎须"是卢延让锤炼语言时的真实写照。文人墨客们为我们留下了许多锤炼语言的佳话。用词陈旧、凝滞，读来必然生厌。而如果能选取新的角度，构成新的组合，使词语有新鲜感，呈多样化，显节奏美，行文就会轻灵活泼起来。

## 二、善于引用，巧妙借力

中华文化上下五千年，语言极为丰富，成语、谚语、歇后语以及各种俗语源远流长。把古典诗词流行歌词镶嵌在句子中，会使文章的语句馥郁芬芳；用格言警句点化，"立片言以局要，乃一片之警策"，语言境界会卓然独立；成语、谚语、新词新句，让人眼睛为之一亮；恰当地引用这些诗文名句，可以使语言富有诗意，给文章增辉添彩。那么怎样才能称为"巧妙借力"呢？

第一，巧妙地化用诗词，使之和自己的叙述语言自然和谐地融为一体，这更能体现作者的修养和智慧，能立竿见影地使语言升格。古典诗词是中华民族长达五千年的文化传承孕育出来的一朵美丽的奇葩。巧妙引用古典诗文、名人名言，可增强文章的生动性。诗词名句，历来具有精炼深刻、脍炙人口等特点。引用得好，有助于表达的精炼和生动。

> 竹子外形典雅、婀娜多姿，气质刚劲、不畏霜露，可说是集刚柔于一身，有一种自然生就的美。历来为人们所喜爱。宋代诗人苏东坡曾写下这样的诗句："可使食无肉，不可使居无竹。"自古以来，竹子在人类生活中的作用，又何尝仅在于观赏呢？（《隆冬话竹》）

"可使食无肉，不可使居无竹。"这是苏东坡的诗句，被引用到这里，不但使文章合理地从描写竹子的外形特征转入到介绍竹子的用途上，突出竹子在人们日常生活中的作用，而且更有效地增强了文章的生动性与美感。

> 雨的语言是丰富的，它可以是漫卷诗书的喜悦，滋润着杜甫的绵绵春夜；它可以是点点离人泪，倾诉着韦庄孤寂的夜晚；它可以是照玉壶的一片冰心，亮在王昌龄送别友人的挥手之间。（学生优秀作文《雨》）

这段文字化用经典词句，或撷取名句精髓，或剪取意境神韵，恰当整合，新旧一体，读来令人赏心悦目。

> 千尺桃花潭畔，你将浓意深情表露；明月白霜之间，盈留着

你为游子的怅然;你对着高堂明镜,伤语绵绵悲白发;你对着苦境,低吟"与尔同销万古愁";你"仰天大笑出门去",只为"安能摧眉折腰事权贵";你又"散发弄扁舟",留下一个个美丽动人的神话……(学生优秀作文《咏李白》)

短短的几句话就蕴涵了丰富的象征意义和内涵底蕴,就会让人产生无穷的联想;它又是最优美的语言,用几个词甚至于一个字,就会境界全出。

我渴望,背上行囊,与王维去那"明月松间照"的人间绝境,与他"行到水穷处,坐看云起时"。我要喝一口那潺潺流淌不息的甘美山泉,洗去心头的一切杂念。我要听那如月光倾泻般的笛声,我要扯下天边那片绚丽的晚霞,将它系于脖颈,当做纱巾。我还要摘下那朵在空中巧结轻愁的丁香,将它嵌于我美丽乌黑的发髻上。

在每一个苦雨孤灯的夜晚,我会乘一叶诗的扁舟,驶进那古色古香的荷花丛中,轻吟"留的残荷听雨声"。于是一股幽香的古典情韵笼罩了我,笼罩了小舟,笼罩了那片荷花池。(摘自《语文报·古典情怀》作者:吴雨)

这段文字直接引用了王维、李商隐的诗句,同时,巧妙化用了朱自清、王勃、戴望舒等人作品中的名句,既为文章增色添辉,又渲染了一种清幽淡雅的氛围,表现了自己对古典浪漫情怀的喜爱之情,使文章既富有诗情画意,又显得意蕴深厚。

第二,善用精警之句,即那种可为全文(或一段)立骨的只言片语。

名言警句,经过了历代时空的检验,具有鲜明的表达效果。有了警句的确可使全文增色生辉,我们可能已背不下《陋室铭》,但一定还记得"山不在高,有仙则名。水不在深,有龙则灵"这一警句,这就是"画龙点睛"之妙。适当运用一些有生命力的文言词语,可使文章语言显得简洁精炼,收到以少胜多的效果。我们可能已背不下《岳阳楼记》但一定还记得"先天下之忧而忧,后天下之乐而乐"这一警句。文章的好坏,当然不在警句的有无,但有了警句,确可使全文增色生辉。

选择古典,深切体味着范仲淹"不以物喜,不以己悲""先天下之忧而忧,后天下之乐而乐"的伟大情怀;选择古典,用心感受着杜工部"星垂平野阔,月涌大江流"的空旷与豪迈;选择古典,让李后主的那一腔愁绪化作"一江春水向东流",只留下心灵的静谧;选择古典,让易安居士小舟"载不动"的"许多愁"化作一场春雨洒满人间,涤荡、净化着人们的心灵。选择古典,选择真、善、美,让心宁静,让心平和。(2002 年高考《选择古典,让心宁静》)

"人生自古谁无死,留取丹心照汗青"是文天祥的选择,"我自横刀向天笑,去留肝胆两昆仑"是谭嗣同的选择,"宁可饿死,不领美国的救济粮"是朱自清的选择。历览前贤,我发现选择竟有着如此丰富的蕴涵。背负着五岳的沧桑与巍峨,他们用一种亘古不变的声音呼喊:"所欲有甚于生者,故不为苟得也。"

在这里,作者引用诤诤名言,把正义与生命的孰轻孰重,面对死与生的考验、选择,观点鲜明而底气十足地展示给人们:故不为苟得也。

选择永恒,需要"威武不能屈"的大丈夫精神,需要"金戈铁马"的慷慨志向;选择永恒,需要"吾将上下而求索"的探寻,需要"要留清白在人间"的高洁。

运用诗词典故和名言警句是"化书卷见闻作吾性灵,与古今中外为无町畦""因旧词而别出新意,遂造境而非徒用典,使得文章显得有教养,有师承,显得丰满厚重"。钱钟书这话说的就是善用古人名言警句的妙处。名言警句是文化长河中智慧的结晶、力量的化身、哲理的所在。

当鲁迅拿起笔杆"怒向刀丛觅小诗"的时候,我看到了,我看到了那灰白的长衫,那不屈的胡须中所揭示的一个伟大的灵魂,他在黑暗中寻找光明之路,他无负于"横眉冷对千夫指,俯首甘为孺子牛"的生命宣言,他在对中国和中国人民的努力中付出了诚信,得到了他应得的不朽的赞颂和敬仰。

作者在作文《生命的宣言》一文中,巧妙地引用鲁迅先生的诗句,巧妙地概写出了鲁迅先生的伟大人格。

第三,适当运用口语谐句,雅俗交相辉映。

典雅的语言,言简意赅,远离鄙俗,不过全篇如此,便少了活泼灵动之气;平俗的语言,自然鲜活,明白如画,能做到"天然去雕饰",但是全篇这样,便少了华美与绚丽;只有将两者结合起来,才可相得益彰,作文语言才熠熠生辉。

雅与俗如何界定？我们试从汉语辞书对"雅"、"俗"二字的释义入手作一探讨。《古汉语常用词词典》：雅，①正、正确的。②规范的。③高尚、不俗。《现代汉语词典》：雅，①合乎规范的。②高尚的、不粗俗的。再看对"俗"的释义：《说文解字注》：俗，①习也，凡相效谓之习，系水土之风气。②好恶取舍动静无常，随君上之情欲，谓之俗。《现代汉语词典》：俗，①大众的、普遍流行的。②庸俗。

语言又是发展的艺术。随着科学技术的进步，人们生活内容的日渐丰富，不少新鲜活泼、具有时代感和生活气息的词语大量涌现出来。如果能在作文中适当引入一些富有表现力的流行元素，比如网络用语、流行歌曲等，一定会给读者的视觉造成强大的冲击力，给人新鲜活泼之感。比如，"人情消费温柔一刀"、"对面的老师看过来"、"将战痘进行到底"、"我还是一只菜鸟"等，幽默风趣，妙趣横生。

在人们口头上流行的语言，妇孺皆知的金玉良言，往往是最生动、最活泼的。它包括古语、俗语、谚语、歇后语、报刊上流行的新语汇和流行歌曲的歌词。这些语言是考生非常熟悉的，有的已深深印在脑海里，在考场灵机一动，得来全不费工夫。如果考生能将这些恰当地引用或活用于自己的写作，往往能起到化平淡为神奇的功效。

"班主任老师又在喋喋不休地向我们批发人生意义的补充版。""天醉了，映红了天边，云是山的使者吧，把风扯来醒酒，却弄醒水波粼粼。"

上述学生创造出来的佳句妙语，读后如饮醇酒，给人以极美的艺术享受。

"楼前有清塘数亩。记得三十多年前初搬来时，池塘里好像是有荷花的，我的记忆里还残留着一些绿叶红花的碎影。后来时移事迁，岁月流逝，池塘里却变得"半亩方塘一鉴开，天光云影共徘徊"了，再也不见什么荷花了。"空荡荡的池塘因了朱熹的诗句渗透而平添意蕴。（季羡林的《清塘荷韵》）

古诗文的语言典雅，言简意赅，书卷气很浓，带有浓厚的文化气息。作者笔端带感情，雅俗交相辉映，这些诗意化的语言和善于运用各类修辞手法的语句，收到妙笔生花的效果。这段文字说其雅，是它巧妙地运用了文言和整句；说其俗，是它适度地运用了口语。雅俗相济，使文章的语言既华美又清新，读来是一种享受。

铸就长缨锐旅，锻造导弹雄师。他用尺子丈量自己的工作，用读秒计算自己的生命。未曾请缨提旅,已是鞠躬尽瘁。天下虽安,忘战必危,他是中国军人一面不倒的旗帜!(《感动中国》2005 年度人物获奖者杨业功)

这是何等淡雅清丽,它巧妙地运用了文言和整句,使文章的语言既华美又清新,读来是一种享受。运用了比喻,增强了语言的形象性,运用了排比等句式,增强了语言的气势和语言的节奏美。

"都是月亮惹的祸……"隔壁又传来鬼哭狼嚎的歌声,这已是本周的第四次"个人演唱会"了。我忍无可忍地大吼一声,"什么演讲比赛,见鬼去吧! 这么优越的环境里,不精神分裂已经是奇迹了,哪还写得了演讲稿呢!"我还在愤愤地想,对这种只顾自己的人就该以牙还牙! 对,"以牙还牙"。我翻箱倒柜地找到了一盘最刺激的摇滚,飞奔到音响前,将音量拧到极限,然后将几道门大开,最后得意地按下了"PLAY"键,我坏笑着想:摇滚 VS 流行音乐,我准赢!(优秀作文《音乐风波》)

这段文字在使用了生活化的语言后,显得生动而且风趣,表现了当时主人公的特殊心理状态。文字轻松活泼,贴近生活,而且这也非常符合学生的生活特点和时代特点。时代在变化,语言文字也在发生着翻天覆地的变化。如果在自己的习作中加入一些时代的元素,那肯定会使文章增色,还可以成为自己文章的一种特色。

# 6.3  整饬古雅,气势充沛

一篇文章的优与劣,涉及的因素很多,其中一个重要因素,就是语言上的差距。造成这种语言上的差距的原因也是多方面的,而能否善于运用各种修辞手法,是其中一个最重要的因素。通过修辞方法的运用,能够使文章语言表达化未知为已知,化抽象为具体,化深奥为浅显,化平淡为生动,增强文章语言感染力,收到很好的表达效果。有人说"修辞是语言艺术的花朵""修辞是作文的魔水",如果将这些"魔水",恰当地洒在应试写作上,就可点石成金。既可增加文章的生动性、形象性,也可平添文章的色彩与气势。语言是由很多单位组合而成的,语言单位是有限的,语法规则也是有限的,要用这有限的单位和规则,去创造出无限的语句,在某种意义上说,这就要使其创造性成为可能。

散文、议论性散文大多以语言华丽为主流,议论文是议论部分、记叙文揭示中心的地方常常会运用大量的排比、比喻、引用等手法以整合灵活的句式,使得文章文采飞扬,读来让人心旷神怡。这类散文大多采用以下技巧:

## 一、运用比喻、排比,增加文采气势

比喻是考生作文中运用最广泛、最普遍的一种修辞方法,也是一种形象化的表达方法。比喻即打比方,它是借两个事物的相似点进行类比。用在记叙、说明、描写中,能使事物生动、形象、具体,给人以鲜明的印象;用在议论文中,能使抽象道理变得具体,使深奥的道理变得浅显易懂。考场作文中要想使对象表现得更形象真切,更好地表达出对事物的爱憎和褒贬,更好地描绘出事物的内在特点,就必须靠形象化的比喻手法。

> 诚信是什么?
>
> 活泼好动的孩子说诚信是两根纤小的手指,拉过钩儿就永不反悔;
>
> 风华正茂的小伙子说诚信是一张精致的信用卡、是不能透支的诺言;
>
> 耄耋之年的老人说诚信是一本厚厚的日记,是一张不容背叛的人生契约。

作者先提出"诚信是什么"这个问题,然后从小孩儿、小伙子和老人这三个不同年龄阶段、不同人生阅历的人的回答中让读者自己去体会什么是"诚信"。

运用排比,增强气势。

> 你们是初升的太阳,希望寄托在你们身上。革命加科学将使你们如虎添翼,把老一代革命家和科学家点燃的火炬接下去,青出于蓝而胜于蓝。(郭沫若《科学的春天》)

这段话用词准确,语言简练,连用了比喻、借代、引用等几种修辞手法,形象有力地表达了对年青一代殷切的期望。

排比本是一种修辞方式,可是一旦将这一语言形式在作文中扩大使用,就会使自己的语言收到绝好的修辞效果,可增强语言的气势。适当运用排比,不仅可以增强语言的气势,更集中地表达某种意思或感情,而且可以造成结构形式的整齐美,增强文章的艺术美。用以叙述,则清晰深刻;用以描写,则形象生动;用以抒情,则情深意厚,可把感情抒发得淋漓尽致;用以说理,可把道理阐述得更严密、更透彻;特别能让读者感受到一种鞭辟入里、理直气壮的强烈气氛。排比可用于句子和段落之间。如高考一篇题为《多解的一个问题》的作文开头三段是这样写的:

幸福是什么?

曾认为幸福便是拥有金钱,但我看到一些人使尽浑身解数拼命挣钱而腰缠万贯,却发现世间还有许多金钱买不到的东西时,我迷惘了。

曾认为幸福便是拥有美女,但当我看到一些历尽千辛万苦寻找国色天香,待跪在美女裙下却见美女也有衰老的时候,我没有找到幸福的答案。

曾认为幸福便是拥有权势,但当我看到一些人疏通官路、官位显赫时,发现当官不为民做主,被百姓戳脊梁骨,不如回家卖红薯,我明白我仍没有找到答案。

三个排比段整齐而不呆板,结构严谨而不落套,开篇就展现了作者积极向上的人生观。

有句格言说,沉默是金。想想也是。人生处世,有时,沉默是一种睿智;有时,沉默是一种豁达;有时,沉默是一种涵养;有时,沉默是一种洒脱;有时,沉默是一种洁身自好;有时,沉默是一种顾全大局……(袁敏杰《沉默未必是金》)

这段文字,一连用了六个排比句,从不同角度揭示了沉默的本质,既使文章气势磅礴,又增强了文章的文学性。不过在运用排比句时必须注意以下几点:一是从内容的实际需要出发,不能生硬地拼凑排比的形式;二是必须是多项并举。有的是多项全举,有的是在多项中举其要者,留有弦外之音,让读者去深思。

诚信如一枝玫瑰,百花园中她最美,美得娇艳欲滴,美得摄人心魄。热恋中的诚信,是两颗心碰撞产生爱情火花的催化剂,月光中的喃喃细语,小河边的山盟海誓,无一不是诚信的结晶。诚信,让一切建立在金钱与地位上的"爱情"走开;诚信,让天下有情人冲破所有的羁绊终成眷属。诚信,是人世间创造美丽的女神。

作者把"诚信"比作"玫瑰",化抽象为具体,十分生动、形象,非常贴切、传神。

我们的成长要摆脱低俗事物的纷扰,用传统文化来滋养。有句话叫柔日读史,刚日读经。是说意志懈怠时读史以明志:谋臣策士,家国三寸簧舌里;金戈铁马,江山万里血泪中。读史书,能养浩然正气。也是指骄躁狂暴时读经以养性:老庄之道,清静无为是非空;菩提之心,灵台空明尘埃无。读经书,能塑静俭德行。我国浩瀚的书海之中,蕴涵着无尽的宝藏,它们是我们成长真正的养分。(2005年满分卷《成长需要悉心呵护》)

作者采用引用、列举、排比等方式,将丰富的文化信息展示出来,以显示出开阔的阅读视野和深厚的文化积淀。

老师的心灵是如此的美好:甘为云霞,反射太阳的光华;甘为绿叶,陪衬枝头的鲜花;甘为沉静寂寞的蓝天,烘托七色的彩虹;甘作呕心沥血的园丁,培育秋天的收获。

排比对偶,使语言富有气势和节奏。

春天必然是这样的。从绿意内敛的山头,一把雪再也撑不住了,扑哧一声,将冷脸笑成花面,一首渐渐然的歌便从云端唱到山麓,从山麓唱到低低的荒村,唱入篱落,唱入一只小鸭的黄蹼,唱入软融的春泥,软如一床新翻的棉被的春泥。(张晓风《春之怀古》)

作者大量采用比喻、拟人等修辞手法,把春景写得生动可感,美不胜收,以此传达出作者对美好春景的期盼。拟人的修辞本文中俯拾即是,它的作用是表意更为丰富。比如,雪融化的声音,把它说成是"一首渐渐然的歌,从云端唱到山麓,从山麓唱到低低的荒村,唱入软溶溶的春泥"。既形象贴切,又鲜明可感。再比如,"桃花把所有的山村水郭都攻陷了"。不仅写出了到处都是桃花盛开,而且突出了春天到来的盎然生机,魅力无限。

穿越一个世纪,见证沧桑百年,刻画历史巨变,一个生命竟如此厚重。他在字里行间燃烧的激情,点亮多少人灵魂的灯塔;他在人生中真诚地行走,叩响多少人心灵的大门。他贯穿于文字和生命中的热情、忧患、良知,将在文学史册中永远闪耀着璀

璨的光辉。(2003年《感动中国颁奖词》)

## 二、恰当引用,增加内涵

谚语、诗词名句和中外名人名言,历来具有表达精炼、含义深刻、脍炙人口、深入人心等特点。引用得好,往往有助于表达的精炼和生动。在考场文中若能恰当借用,必能使文章神采飞扬,意蕴深刻。如作文《世界因多彩而精彩》中间一段是这样用的:

"轻轻的我走了,正如我轻轻的来。"吟咏着志摩的佳句,我轻轻掀开文学神秘的面纱。李白"乘风破浪会有时,直挂云帆济沧海"的豪放,李商隐"留得残荷听雨声"的低沉,苏轼"大江东去,浪淘尽,千古风流人物"的旷达,柳永"杨柳岸,晓风残月"的婉约,各有千秋。

一段之内五处引用诗词名句,既为文章增添亮丽的色彩,也增强了论证的说服力和说理感染力,显示了作者文史知识的丰富和驾驭语言的功力。

我想握住你的手,因为景仰千年前那个宏大的诗酒江山里,把词从闺怨私情的桎梏中解脱,实现向黄钟大吕的飞跃的你。你也有天涯何初无芳草的柔情,但更多的是立于川上呼喊东去的大江的豪迈。而韩柳欧苏"四大家"中,你以海一般博大汹涌将名字留在了中国散文史上。读着你的诗文成长,我景仰你"如猛虎嗅着鲜花",将豪放与婉约完美地融为一体铸造成的东坡。(2006年高考优秀卷《我想握住你的手》)

经典的书籍躺在书店的一隅,无声而静默地等待着人们的光顾。信手翻开一本本古典诗词,经典的力量无声地抓住你的心灵:岳飞的"八千里路云和月"是豪迈者的气魄;李白的"天生我材必有用"是自信者的不羁;柳永的"杨柳岸,晓风残月"是婉约者的柔情;欧阳修的"泪眼问花花不语"是相思者的哀怨……经典,在历史的长河中无声地流淌,用流行所无法企及的宁静的力量熏陶渐染了一代又一代人,用内在的魅力给予人们享受与思考。(2007年北京卷高考优秀作文《无声的经典》)

该段引用了岳飞、李白、柳永等人的名句,引用的名句后分别有豪迈者的气魄、自信者的不羁等概括语,这是为了表达"经典的力量无声地抓住你的心灵"这样的段落中心,进而为全篇主题服务。

而我又总是喜爱这样的文字,这样的情趣的,于是我细细地读,细细地品味:当江南的细雨霏霏飘落,秦淮两岸香拥翠绕,是谁在碧水秋云间黯然伤怀于那舴艋小舟中? 当塞上的风沙卷起,羌笛悠悠吹满落霜,又是谁身披蓑笠狂歌大江东去,挑灯醉看吴钩犹利?

······

我于是心痛地看到了我最不乐见的画面:人们纷纷伸出双手,甘愿被庸俗铐牢,脸上竟带着幸福的微笑。我也许不应该震惊,是的,当爱恨情仇已被赤裸裸地随意抛出,七夕之夜只是用短信送朵玫瑰,又有哪家女子肯和羞走,却把青梅嗅? 当钢筋水泥的丛林已成为我们生活中的全部,每一秒钟都可以用利益来衡量,又有谁愿意把栏杆拍遍,欲说还休?(2007 年高考北京卷满分作文《遗失的情趣》)

不难看出,上面两段文字化用了李清照《武陵春》中"只恐双溪舴艋舟,载不动、许多愁";辛弃疾《破阵子》中"醉里挑灯看剑,梦回吹角连营";李清照《点绛唇》中"和羞走,倚门回首,却把青梅嗅";辛弃疾《水龙吟》中"把吴钩看了,栏杆拍遍,无人会,登临意";辛弃疾《丑奴儿》中"欲说还休,却道天凉好个秋"等。

抑或,老妪欣羡的只是那纯天然的妙手偶得。"二十四桥明月夜"让人静、让人幽;"三山半落青天外,二水中分白鹭洲"令人遐、令人远;更不用说那"大漠孤烟直,长河落日圆"又是怎样的使人沉郁顿挫、慷慨苍劲了! 她爱这个世界,从她欣羡的眼神中,我想我亦能有所领悟。(高考满分作文——《一眼万年》)

## 三、运用问句引发想象

在考场作文中,反问句和设问句也是运用得比较频繁的两种修辞手法。因此,学会运用这两种修辞法,是提高高考应试作文水平极为快捷的途径之一;反问句是为了加强语气,用疑问句的形式表示确定的意思,常用肯定形式表示否定,用否定形式表示肯定。一般说来,反问句在语气上要比一般陈述句强烈。因此,在论述类文章中常得到广泛运用。

设问句就是无疑而问,自问自答。它的作用是提醒注意,引导思考;突出某些内容,使文章有变起波澜。

北京高考满分作文《转折》一文是这样开篇的：

**例一** 有人说：转折意味着机遇；有人说：转折预示挑战；有人说：转折可以使你远离失败；有人说：转折也许会让你距离成功更加遥远。

究竟什么是转折？

我问那串永不停歇地滴落的水滴，小水滴欢快地告诉我："转折就是那样一滴可以穿透一块坚石的水。"

**例二** 朋友，当你看见一堆堆垃圾高如小山，一条条溪流恶臭难闻，一股股气味毒害人体，你的感想如何？我那时却是想气愤地想大声呼喊："请关注人类的生存环境。"

设问和反问使文章具有发人深思、引人入胜的魅力。

**例三** 雨的语言是丰富的，它可以是漫卷诗书的喜悦，滋润着杜甫的绵绵春夜；它可以是点点离人泪，倾诉着韦庄孤寂的夜晚；它可以是照玉壶的一片冰心，亮在王昌龄送别友人的挥手之间。

这段文字化用经典词句，或撷取名句精髓，或剪取意境神韵，恰当整合，新旧一体，读来令人赏心悦目。

# 6.4 句式变换

句式，指的是句子的结构方式。不同的思想内容，可以用不同的句式来表达，同一个意思，也可以用几种不同的句式来表达。句式不同，语气情调、语言风格和表达效果也就随之变化。所谓"句式灵活"，是指作者在写作时，根据语言环境的特点和表达的需要，在不改变意思的情况下，恰当地选用句式，灵活地变换句式，使句式呈多样性，这样行文才会活泼、自由，不生硬、不呆板。文章如果句式单一，不免呆板老气，而句式多变，即可灵动活脱起来。从语气的角度，有陈述、反诘、祈使、感叹之变；从强调的角度，有主动与被动、肯定与否定、常序与倒装之变；从表达的角度，有长句（可舒徐、严密）与短句（可明快、激越）之变。一篇文章，从头到尾如果都是一种句式，一个腔调,不免让人枯燥乏味,如嚼鸡肋。好的语言要追求句式的整散结合,有序而又多变,怎样才能使句式灵活?

## 一、培养"一样话,百样说"的意识

我们先看一组句子:

第一组:A. 联合国期限将至,美国人加紧备战。

B. 联合国期限将至,美国人抠紧了扳机。

第二组:A. 如果一个民族的行为、习性、情趣粗鲁而野蛮,那么他们的刑法规定就很严厉。

B. 如果一个民族喜欢战争、斗牛和格斗,他们就会用绞刑、火刑和五马分尸来作为刑罚。

通过比较我们可以看出,无论在第一组中还是在第二组中,B句都比A句所用的词语要具体、生动、形象,给人以想象和联想,增强了表达效果。

俗话说:一样话百样说。意思是要表达的内容只有一个,表达的方式、可供选用的词语和句式则不限于一种。根据特定的语境、特定的目的,众多可供选择的表达方式中总有一个是最合适的、效果最好的,选用那个最好的表达方式从而取得最佳的表达效果。因此我们可以说,修辞就是根据特定的目的和语境,恰当地选择词语和句子,以求得最佳表达效果的一种活动。也可以说,讲修辞的目的是为了把话说得更为妥帖。

宋祖英演唱的《辣妹子》里,那就是辣妹子的特点突出来了,那就是辣妹子"不怕辣、辣不怕、怕不辣"。"不怕辣"是一般情况;"辣不怕"把宾语"辣"前置了,突出了"辣",意思进了一层;而"怕不辣"却更鲜明地显示了辣妹子耐辣的能力,因为她把"辣"看成了一种享受,没有了"辣",她就不舒服了。语序的改变用于生活上也很有意思。有一位很幽默的农妇,谈她家的生活状况,她对人说:"人家吃什么有什么,我们有什么吃什么。""吃什么有什么"显示了生活的高档次,而"有什么吃什么"就显得不能讲求,揭示了生活水平的低档次。她用改变语序的办法、用对比的格局,形象生动地陈述了她家生活水平的低下,尽管她并没意识到她已巧妙地运用了修辞手法。

## 二、了解各种句式、表达效果和语言环境的特点

长句:指含有比较复杂的成分和意思的单句、复句、多重复句。表达效果:精确、严谨、细微。短句:修饰或限制或联合成分用得少,多用省略句、无主句、独词句,虚词用得少。表达效果:简洁、明快、干净、有力。整句:是指一对或一组结构相同或相近的句子。它包括对偶句、排比句、反复句等。表达效果:形式整齐、声音和谐、节奏鲜明,具有加强语势、加强语义的作用,适于表达丰富的感情、缜密的思想,给人以深刻的印象。散句:结构相异、长短不一、交错运用的一组句子。表达效果:自由活泼、富于变化、明快、生动。在语言表达中,注意句式的变换,一定的句式表露一定的情感,句式变了,句意也会产生新的变化。如用肯定的语气来表明观点,还可以选用双重否定、反问句式来加强语气,使自己观点更加鲜明而强烈。注意整句与散句的使用。整句形式整齐,音节和谐,气势贯通,意义鲜明,适合于表达丰富的感情,能给人以深刻而鲜明的印象。

历史是一段长长的有始无终的距离,它贯穿着人类的血脉,沉淀着先人用生命写给后人的启示。几百年的风风雨雨,早已荡涤了风波亭上的点点残血;几百年的潮起潮落,早已淹没了零丁洋里的声声叹息。然而,岳武穆的满腔热血,文天祥的一颗丹心,早已深深地印在了历史的书页中,化作了民族的魂,随着日月的更替,让人们深味着其中的永恒。(张彦金《距离产生美》)

注意句子的长短、整散变化使句子组合匀称谐调,语调起伏跌宕,抑扬有致而使语言有文采。

也许是羚羊曾经践踏过我们的庄稼,也许是獾曾经偷吃过我们的西瓜,也许是喜鹊在早晨吵醒了我们甜蜜的梦,也许是狼没有像狗一样对我们表示臣服,也许什么过错也没有,我们只是出于嫉妒才把它们囚禁在城市的动物园里,让它们也闻闻汽车排出的尾气,喝喝有漂白粉气味的自来水,听听机器的轰鸣和人群的喧闹,看看烟尘笼罩的天空……

这段文字用整齐而又幽默的语句,写出了世上的动物皆因为有了我们人类而遭了罪,人们终于在动物园里看到那些被囚禁的动物时良心发现。文段给人的感觉是沉重的,情感是真挚的,深刻地揭示了环保的重要性与迫切性:人类多么需要协调好与自然的关系。

### 三、要掌握变换句式和选择句式的一般方法

　　我爱你，但假若你骑的是邪恶的黑马，我同样会砍断索桥上的绳索；我恨你，但假若你扛着的是正义的宝剑，我同样会放下吊桥让你通行。但愿生活中多一份挥刀断索的大义凛然，多一份搭桥渡人的宽容正直。（节选自满分作文《挥刀斩索，搭桥渡人》）

　　语序改变会产生奇效。汉语的表意是丰富多彩的，仅语序的变化就会使含义大相径庭。如"两个学校的老师"和"学校的两个老师"是截然不同的，这显示了老师数量上的"少数""众多"之别；"我为人人，人人为我"，显示了一个人的社会责任感和高尚的共产主义风格，如果把语序变为"人人为我，我为人人"，因为前提变了，"我"的思想觉悟也就显得偏低了，"官出数字"，说明那官想借用假政绩来邀功，而"数字出官"则说明上级领导不明真相、不负责任，对弄虚作假者不但不予制裁，反倒加以提拔。如此种种，真是不胜枚举。语序改变会产生奇特的修辞效果，显示了汉语言的独特魅力。请看下述生动有趣的现象：

　　一位将领：在镇压农民起义军时屡吃败仗，不好向皇帝交代，他机智地在奏折上把"屡战屡败"的现实写成"屡败屡战"。这样一改语序，就把一个败军之将描述成顽强战斗、誓死拼杀、决不服输的军事统帅的形象。

　　语序的改变可以显示辛辣的讽刺意味。如当今社会上编印了好多《名人辞典》由于绝大多数人典人远非"名人"，于是有人讽刺说那是《人名辞典》。"名人"变为"人名"，那辞典也就不过是本"花名册了"。

　　有一幅漫画，画的是一位劣迹斑斑的领导正在台上振振有词地讲话，台下的听众交头接耳、议论纷纷，漫画的标题是《台上他讲，台下讲他》。由"他讲"变为"讲他"，立刻把这幅漫画的主旨揭示出来了，同时给读者以异乎寻常的审美愉悦。

　　语序的改变用于歌词，使歌词变得异常生动。

# 6.5　开掘语言意蕴

什么是"文句有意蕴"？就是文句含蓄，即"意在言外"，是指"意不浅露，语不穷尽"，意深旨远，耐人寻味。就是要求作者不将事物和感情说透道尽，对"意蕴"和道理，不作淋漓尽致的发掘，让读者依据语境去推断、去想象。如果文章把什么话都说尽，或者把话说得太浮露，无言外之意、弦外之音，就不能使读者"睹一事于句中，反三隅于字外"，就剥夺了读者作"不尽之远想"的权利。"文句有意蕴"是富于哲理和文化底蕴的表现。这并不是要故作高深甚至晦涩难懂。

语言的优美，突出表现在对语言意蕴的开掘上。语言意蕴是语言的精神内核，是说写者主观心灵品位与客观世界厚度的联姻。如果说，优美的语言是一团火，那么，这团火就会在人的灵魂中燃烧。我们要创造优美的语言，不能只注重火光的显现，更应当注重优美语言之热——精神能量的发射。我们要使语言能够发射精神的能量，就得注重语言意蕴的开掘。在艺术意蕴的开掘上，不在其有无，而在其深浅。开掘深层次的艺术意蕴，并不是对各种社会客观具象进行简单选择和拼合的结果，而是说写作者自身精神境界的一种升华。

"文句有意蕴"，或蕴蓄着深刻的哲理，或包含着历史的反思，或夹杂着几许幽默感。它自然不是一眼能望穿的浅薄，但也不是故作高深的隐晦，而是一种具有穿透力的凝厚。这种语言风格说到底是一种思想成熟的产物，决不是单纯的语言训练所能实现的，唯有思想的深刻和凝重，才能达到"文句有意蕴"的境界。

开掘语言意蕴，需要说写者在创新意识的作用下，善于运用艺术的眼光去观察、理解、把握生活的本质和特殊性。在观察对象的时候，不但要能够捕捉到许多被常人所忽略的细节，而且要能够见微知著，一叶知秋，善于从假象洞察到真相，从表层寻觅到本质，从萌芽预测到趋势，需要具有像新闻记者那样的敏锐性。

怎样才能使文句有意蕴？一般说来，可采用以下几种方法：

## 一、学会描写

就"意境深远"而言,最主要的表达方式当是描写。描写,一方面使内容具体化,另一方面也使之形象化;具体了,形象了,也就生动了。

一篇文章怎样才好看呢? 先抛开内容不说,手法必须有变化。最常用的手法有描写、叙事、抒情、说理等。如就单项技巧而言:描写而不单调,叙事而不拖沓,抒情而不做作,说理而不枯燥,文章就算做好了。[①]

描写,语言表达方式之一,指的是用生动形象、富于表现力的语言将人物、事物的特点具体细致、鲜明清晰地叙写出来,使读者如见其人、如闻其声、如历其事、如入其境。描写是记叙性文章不可缺少的方式,其重要性正如高尔基所说:"艺术的作品不是叙述,而是用形象、图画来描写现实。"记叙类作文想获取高分,描写必不可少。根据对象或内容,描写可以分为人物描写和环境描写两种。而人物描写又可分为肖像描写、行为描写、言语描写、心理描写等;环境描写又可分为自然景物描写和社会场景描写。根据角度,描写又可分为正面描写、侧面描写和多角度描写。根据着墨的浓淡深浅即手法,描写还可分为白描和细描两种。这里我们着重探讨一下描写的技巧。

100 年前的 1898 年 12 月 26 日,法国科学院人声鼎沸。一位年轻漂亮、神色庄重又略显疲倦的妇人走上讲台,全场立即肃然无声。她叫玛丽·居里,她今天要和她的丈夫皮埃尔·居里一起在这里宣布一项惊人的发现,他们发现了天然放射性元素镭。……玛丽·居里穿着一袭黑色长裙,白净端庄的脸庞显出坚定又略带淡泊的神情,而那双微微内陷的大眼睛,则让你觉得能看透一切,看透未来。她的报告使全场震惊,物理学进入了一个新时代,而她那美丽庄重的形象也就从此定格在历史上,定格在每个人的心里。(叙述、描写、说明、议论、抒情)

上一次牵起爷爷的手已经是在十几年以前。那时,我住在爷爷家,爷爷总喜欢一手拿个小板凳,一手牵着我的小手,来到

---

① 梁衡:《文章五诀》。

弄堂口,听邻居们闲话家常。但爷爷只是一个倾听者,从来也不插话。爷爷靠在斑驳的石库门墙上,夕阳西下的时候,一束阳光斜斜地洒下来,透过梧桐树叶,洒在了爷爷身上,琐碎而温暖。这样的画面就像老电影里的旧镜头一样,深深地印在了我的脑海里。(2006年高考一类卷《我想握住你的手》)

## 二、委婉含蓄,不直白,耐咀嚼

有意蕴的语言,能见出作者的思维层面和语言修养层次。鲁迅的文章是我们学习的典范。如《为了忘却的记念》中写到柔石"在龙华警备司令部被枪毙了,他的身上中了十弹"后,有一句"原来如此……"且单独成段,这一句"原来如此……"有对反动派血腥暴行的满腔愤怒和强烈抗议,有对战士惨死的无限悲痛和无比惋惜,意蕴深厚。遣词造句匠心独运,即使是看似普通的词语用在具体有语境中都有很强的表现力。

含蓄,是一种巧妙和艺术的表达方式,是一种修辞手法。它是指在讲话时不直陈本意。而是用委婉之词加以烘托或暗示,让人思而得之,并且越揣摩,含义越深越多,因而也就是越有吸引力和感染力。含蓄的语言含有深意,藏颖不露,耐人寻味,含英咀华,如嚼橄榄。委婉含蓄是一种魅力。无论在时装设计上,还是在戏剧故事里,在随意的交谈中,含蓄都大有讲究,在某种意义上来说,没有含蓄,就没有艺术。比如,"海浪不回避礁石的撞击,才得以壮观;人生不拒绝遗憾的存在,才得以明达。""认识自己是每个人的必修课,否则我们就会像乌云下生长的花儿,失去了充满阳光的世界。请牢记:是鱼儿,就不要向往天空;是鸟儿,就不要留恋海洋。"这类警策性的话语,于形象中蕴涵哲思,含蓄隽永,优美凝练。

关于委婉含蓄的表达方法,大致有下面几种:仔细研究事物之间的内在联系,利用同义词语来表达自己的思想,达到委婉含蓄的效果;由外延边界不清或在内涵上极其笼统概括的语言来表达自己的思想,达到含蓄效果;利用多种修辞方式,如比喻、借代、双关、暗示等,来达到含蓄的效果;有些事情不需直接点明,只需指出一个较大的范围或方向,让听者根据提示去深入思考,寻求答案,可达到含蓄的效果;通过侧面回答一些对方的问题,达到含蓄的效果。

美国人在北平,在天津,在上海,都洒了些救济粉,看一看什

么人愿意弯腰拾起来。太公钓鱼，愿者上钩。嗟来之食，吃下去肚子要痛的。（毛泽东《别了，司徒雷登》）

"洒"，平字见奇，入木三分地揭露美国侵略者的伪善的面目和险恶用心，其"洒"的目的是为了"钓鱼"，你弯腰去拾，必然失人格、国格，尖利的"钓钩"无形中就"钩"住你的嘴，牵制你的身，你就会失去人身自由，何况是"嗟来之食"呢！这些言辞，妙用动词，巧用成语，汇成语境，延伸内涵，用语幽婉而含意深切，真可谓言近旨远，风趣而不失其真，委而不失其明，表现了含蓄幽默的风格。

### 三、注意语言的幽默性

语言幽默是一种妙语，是语用中的一种独特目标。早在 18 世纪的时候，就曾经有人把妙语定为一种单独的精神本领。幽默的语言是通过发现事物惊人的相似性，在极不相干的事物中建立联系，使一些普通的或熟悉的语句，跳出现实的一贯秩序，出人意料地发生意义领域的转移。因此，要达到语言幽默的目标，其说话行为就不是一般的语言行为，必须具有一定的创造性。作为语用的艺术效果，语用幽默要求语言使用者，不能不假思索地使用现成语言，而是要求语言使用者去创造它，没有创新意识的语言使用，其语言就不会有创造性，更谈不上能给人以幽默感了。维特根斯坦曾经指出："幽默不是一种心情，而是一种观察世界的方式。"①

看电影，大家喜欢诙谐有趣的；同学之中，会调侃的最有"人气"。写作文也是这个道理。许多佳作，往往写得意到笔随，甚至在稍稍闪出的那么一点点不正经里，文章顿然有了生气。"嬉笑怒骂，皆成文章。"的确，文章用幽默式的语言写生活、诉真情，引人入胜。幽默的语言代表着一种智慧，作文中适时来点幽默，也能给人留下深刻印象。钱锺书《围城》里的一段话就是这样：

鸿渐说："你从前常对我称赞你这位高老师头脑很好，我这次来了，看他所作所为，并不高明。"辛楣说："也许那时候我年纪轻，阅历浅，没看清人。不过我想这几年来高松年地位高了。一个人地位高了，会变得糊涂的。"事实上，一个人的缺点正像猴子的尾巴，猴子蹲在地面的时候，尾巴是看不见的，直到它向树上

---

① 　赵康泰：《悲喜剧引论》，中国戏剧出版社 1996 年版，第 85 页。

爬,就把后部供大众瞻仰,可是这红臀长尾巴本来就有,并非地位爬高了的新标识。①

钱锺书拿猴子的尾巴与人的缺点作比,用极其幽默的语言,对"人的缺点是无法掩盖"的事实,给予了淋漓尽致的揭露,真可谓入木三分。如果钱锺书没有敏锐的眼光,就不能把我们平常人天天能见到的平常现象,作出如此创造的运用。

> 北京爱吃臭豆腐。爱它的人一天不吃它就寝食难安,有了它就身体倍棒,吃嘛嘛香;讨厌它的人恨不得百米开外捂住鼻子,绕道而行,并且皱鼻子瞪眼睛,比看到恐怖组织还紧张,仿佛别人打开的不是四四方方的玻璃罐,而是携带炭疽病毒的邮政快件。(学生优秀作文)

此段文字十分巧妙地运用了富有时代特征的新闻和广告语,风趣幽默而又极其传神写出了两种人对同一事物的不同态度。

初中学生作文《老鼠开会》中的一段对话:

> 新年到了,老鼠聚在一起开会,讨论如何适应环境变化的问题。大老鼠捂着肚子进来了。主持会议的中年老鼠问,肚子怎么痛了?是误吃"毒鼠强"了吧?大老鼠说:"不是误吃'毒鼠强'了,而是人们禁止销售'毒鼠强',我已经好几天没有找到'毒鼠强'吃了。我的胃一天不吃'毒鼠强',就会刀绞似的痛。真不知道怎么办了。"主持会议的老鼠一听,长叹一声说:"这环境,真的有点弄不懂。"小老鼠说:"你们弄不懂,我们就更加弄不懂了。你看,过去妈妈告诉我说,看到猫来了,要赶快跑,不然就会被猫吃掉。可昨天,我和弟弟出去玩耍,在黑暗的墙脚下遇到了主人家养的一只大花猫。猫不但没有追着要吃掉我们的意思,反而从他主人的冰箱里拿出一条完整的鱼,恭敬地送给了我们吃。弟弟贪吃,一吃,不一会儿就中毒死了。据说,这鱼里含有孔雀石绿!"

故事把"毒鼠强"的药性缩小了,把猫捉老鼠的烈性缩小了。非常幽默地揭露了当今社会假冒伪劣产品盛行、环境污染不断恶化的矛盾。

> 两度竞选总统均败在艾森豪威尔手下的史蒂文森也从未失

---

① 钱锺书:《围城》,人民文学出版社 1974 年版,第 223 页。

去过幽默。在他第一次荣获提名竞选总统时,他承认的确受宠若惊,并打趣说:"我想得意扬扬不会伤害任何人,也就是说,只要人不吸入这空气的话。"

在他竞选第一次败给艾森豪威尔的那天早晨,他以充满幽默力量的口吻,在门口欢迎记者进来:"进来吧,来给烤面包验验尸。"

几年后的一天,史蒂文森应邀到一次餐会上作演讲。他在路上因阅兵行列的经过而耽搁,到达会场时已迟到了。他表示非常歉意,并解释说:"军队英雄老是挡我的路。"

史蒂文森使用巧妙含蓄的语言,用一句句轻松、微妙的俏皮话,说得很委婉,从而改变了他在人们心目中的形象,使听众感到他并不是一个失败者,即使没有当选总统,他依然也是个赢家。

英国著名作家萧伯纳曾与一家很大企业的老板并坐看戏。萧伯纳癯瘦,而这位老板却满身肥肉,胖得流油。胖资本家想嘲笑一下瘦作家,说:"作家先生,我一见你,便知道你们那儿在闹饥荒。"萧伯纳接道:"我一看见你,便知道闹饥荒的原因。"

幽默有天赋的成分,更是心态开放的产品。黑格尔说:"艺术的兴趣和艺术创作通常所更需要的却是一种生气,在这种生气之中。普遍的东西不是作为规则和藩篱而存在,而是与心境和情感契合为一体而发生效用的。"①因此。要创造美好心态应当是开放的心态。

心态开放就要推开心灵的窗户,沐浴金色阳光,吸收新鲜空气,始终密切注视外部世界,随时准备吸收外部社会一切有益的新观念,新思潮、新信息。与社会保持广泛而密切的联系、积极进行社会交际,是人们增长知识的一个窗口。

我们引用朱光潜先生的一段话作为本章的结束语:

从前我看文学作品,摄引注意力的是一般人所说的内容。如果它所写的思想或情感本身引人入胜,我便觉得它好,根本不很注意到它的语言文字如何。反正语文是过河的桥,过了河,桥的好坏就不用管了。近年来我的习惯已完全改过。一篇文学作品到了手,我第一步就留心它的语文。如果它在这方面有毛病,

---

① 黑格尔著,朱光潜译:《美学》(第1卷),商务印书馆1979年版,第9页。

我对它的情感就冷淡了好些。我并非要求美丽的辞藻,存心装饰的文章甚至令我嫌恶;我所要求的是语文的精确妥帖,心里所要说的与手里所写出来的完全一致,不含糊,也不夸张,最适当的字句安排在最适当的位置。那一句话只有一个说法,稍加增减更动,便不是那么一回事。……这种精确妥帖的语文颇不是易事,它需要尖锐的敏感,极端的谨严,和极艰苦的挣扎。一般人通常只是得过且过,到大致不差时便不再苛求。(朱光潜著:《谈文学》,安徽教育出版社 1996 年版,第 70 页。)对于今天的语文教学仍然极富启示价值。

# 表达形式思维技巧
## ——花样百出谁为高

1999 年高考作文命题首次启用给"话题"的形式，首次出现"除诗歌外，其他文体不限"的要求，于是就产生了一些实用类体裁的作文，都别具一格。随后引出一篇"白话"古文《赤兔之死》，举国哗然。2003 年高考甫定，甘肃一篇古文《吊屈原赋》居然得了满分，上海一篇高考作文《杂》，用书序的形式写也得了满分，于是，社会生活和词典里，平添了一个新词："另类作文"。

另类作文，泛指考试训练中或高考考场作文中记叙文、议论文、散文、微型小说以外的其他体裁的作文，大概有广告体、日记体、书信体、小品、相声、短剧、寓言、童话、剧本、新闻稿、实验报告、说明书、辩论辞、BBS 改编名著、网页形式、文言语体乃至诊断书、申请书、启事、起诉书、判决书、会议纪要、介绍书、墓志铭、合同等诸多形式。

实用类体裁的作文往往比常见体裁的作文更被阅卷老师看好，更容易得高分。究其屡得高分的原因，有这样两点，一是这类体裁本身就给人耳目一新的感觉，会让人"眼睛一亮"；二是这类作文往往省去了诸如记叙文中照应、过渡和议论文中起承转合等累赘和麻烦，材料直奔主题，中心更加突出。

作文应该是学生生命的独白、心灵的对话，天性、灵气的展示，认识、情感的宣泄，是极富创新性的过程，也是语文应用能力的重要体现。新课程标准指出,"工具性与人文性的统一是语文课程的基本特点","努力建设开放而有活力的语文课程","能不拘形式地写下见闻、感受和想象,注意表现自己觉得新奇有趣的或印象最深、最受感动的内容。""另类作文"着眼于人性的张扬。追求学生的个性张扬,使作文回归展示心灵自由,宣泄个体情感的本真,变成充满人性美、最具趣味性的生命运作过程。

当然,"每一部具有独创性的艺术作品,如同它的内容是具体的独特的'这一个'一样,它的形式也是具体的独特的'这一个'"。"这是美学的基本原理。就一篇好的文章而言,内容与形式总是统一的;就写作过程而言,内容与形式也应是统一的。内容又常常对形式起着制约的作用:内容的丰盈伴随着的是表达的飘逸;内容的干瘪,便产生表达的苍白,我们的形式创新训练并不是片面的追求形式主义,它是对作文的外部包装,教师应引导学生根据自己的爱好和习惯,在长期的作文实践中形成自己较固定较擅长的作文形式,更好地展示自己的写作个性,特长当扬,有拙宜藏。"离开了内容和思想的充实与合理,单纯的形式和方法的灌输,从来就很难从根本上提高写作能力。"①

那么,怎样才能写好实用类体裁作文呢?需要注意以下几点。

1. 广泛熟悉实用类体裁。如果想尝试写实用类体裁作文,自然需要十分了解、熟悉其特点,这是写好此类作文的前提条件。

2. 反复训练实用类体裁。如果你对某种体裁比较感兴趣,想在考场上应用一下,还须你在平时对这种体裁多加训练。只有反复训练,才能全面把握这种体裁的形式,才能发现和解决一些写这种体裁的难点等,在考场上也才能做到得心应手、游刃有余。

3. 善于选取实用类体裁。实用类体裁是很多的,但并不是随意可以使用其中一种的。这里还有一个选取的关节,主要考虑两个因素,一是个人的擅长,要选取自己最拿手的一种;二是内容的需要,这一点尤为重要,否则就可能买椟还珠、弄巧成拙了。总之,应用文的写作要做到:(1)格式正确。(2)内容真实。(3)语言简单明白,语气恰当。

---

① 刘芳杨:《对高中作文教学的几点认识》,载《中学语文教学参考》2002年第4期。

# ━━┃ **7.1 展示人生百态的戏剧小品** ┃━━

　　戏剧,与小说、诗歌、散文并列戏剧,是文学的样式之一。近几年来,戏剧小品常常出现在电视屏幕上,给学生不少启发与教益。写戏剧小品要求有集中尖锐的矛盾冲突,人物活动的时间空间要求相对集中,场景变化少。人物塑造不求多,但求鲜活。小作者们把目光投向了社会生活。如江西省以"和"为话题的中考满分作文《我爱我家》,就运用了小品的形式来反映全家是如何筹备过春节的,文章有集中尖锐的矛盾冲突,人物形象鲜明,整篇文章洋溢着家庭的和睦和温馨。又如重庆市满分作文《责任》,某考生写了一则三幕剧,其中有道具、场景的交代、人物的语言刻画(包括人物的独白和旁白),集中尖锐的矛盾冲突,多角度地反映了交通警察是如何对待事业和家庭的,塑造了一个责任心极强的人民警察形象。同时也出现了以小品的形式反映腐败现象的佳作。那么,写戏剧应注意点什么呢?

　　首先,应了解剧本的特点。戏剧演出因为受时间、场地的影响,所以人物、场景、情节应高度集中,人物不能太多,故事的头绪也不能过多,矛盾冲突必须在短时间内、在不多的场合中反映出来。同时,还要有尖锐的矛盾冲突,能在尖锐的矛盾冲突中表现人物性格,吸引观众。为符合这些条件,建议同学们以写独幕剧为主。其次,精心设计戏剧语言,戏剧语言包括人物语言和舞台说明。人物语言要有高度的个性化和充分的表现力。不仅能准确、生动地表达人物的思想感情和意图,而要符合人物身份、性格、年龄的所处的特定环境。同时,要求明朗动听,有潜台词。舞台说明,是一种说明性文字,写在每一幕的开端、结尾和对话中间,内容包括人物表、时间、地点、服装、道具、布景以及人物的表情、动作上下场。它具有渲染舞台气氛、烘托人物心情、展示人物心情、推动情节展开等多种辅助作用。再次,要有尖锐的戏剧冲突。现实生活中,人们由于阶级立场、政治观点、社会地位、文化教养、生活环境等的不同而产生的矛盾冲突在戏剧中的反映,就是戏剧冲突。戏剧冲突主要表现为剧中人物的性格冲突,而性格冲突又具体表现为一系列的动作。所以要精心为人物设计能够看见的外部形体动作和看不见的内心动作。

【例文】

## 孩子的世界

浙江一考生

[画外音]不知是哪位哲学家曾经说过:每个孩子都是想象的天才,每个孩子的眼中都有自己的世界。那么,为何孩子大了反而愚钝了呢？或许下面的电视短片会给你有所启示……

[空镜头]阳光洒在石头路旁的一排小平房上,静静的,暖暖的。不知从哪间房子里传出了声音:"音子,明天到幼儿园去!"

[转换镜头]明亮的教室,一位女老师笑眯眯地对一群孩子说:"今天,我们来学折纸。我们先学折盘子。"

[换镜头,推进]一个聪明的女孩子眨着大大的眼睛盯着老师。

"盘子应该这样叠！先对折,再……"

[独白]太好了,我最喜欢折盘子了。我会折好多好多种。老师折的那种不好看,我自己折一种好看的。

[拉远]女教师走到那女孩旁边,说:"这样折不好,先对折,再……"女孩似懂非懂地点点头。

[再拉远,叠映,无声镜头]又有好几次,那女孩被老师一次次改回来多种"创作":画小猫、折小船……

[画外音]其实,孩子的想象力在我们手中被渐渐扼杀,孩子手中的答案也成了完全的"拷贝"。我们渴望孩子有真真切切的自己的世界！

[远景]那个女孩子跟着父母搬进新家,转入另一个幼儿园。

一天,一位年轻的女老师站在讲台上,温柔地对小朋友说:"今天,我们上画画课,大家现在开始画。"

[镜头转换]那女孩还呆呆地坐在座位上。年轻的女教师走过来问:"陈音,你为什么不画呢？"

女孩怯怯地说:"可以随便画吗？"

老师笑着,点点头。

女孩又怯怯地问:"可以用任何一种颜色吗？"

老师笑意更深:"当然可以。否则,大家画的都是一样,我怎么知道是谁画得好呢?"

[独白]这个学校真好!这个老师真好!

[画外音]我们应该为这位老师鼓掌,因为她懂得同一样东西有好多形态,同一问题有好多种答案;更因为她懂得孩子们的想象,孩子们的世界。

【点评】 考场运用电视专题片的形式写作文,无论在中考考场还是高考考场都是比较少见的。本文小作者巧借电视专题片这一新颖独到的形式引领我们进入无拘无束的孩子世界,确实是匠心独具。你看,那镜头的切换,人物的语言,主题的表现都是像模像样。文章充分运用衬托对照、叙议结合法很好地表现了"孩子的世界"。全文布局精当,结构圆合有致,思路清晰流畅,这些都是值得大家借鉴的。

## 7.2 记录人间真情的通讯报道

人教版初中语文新教材第三册有两个单元的作文训练,要求学生学会写通讯报道。利用通讯报道真实性的特点,使文章真实感人,更有说服力。如 2003 年苏州市以"牵挂"为话题的中考满分作文《以牵挂抗击"非典"》,就以小通讯的形式报道了这样一则感人的故事:某新婚夫妇就在举行婚礼的当天,新娘接到了上级命令,前往北京支援"非典"的治疗和医务工作,下午就出发。他们只有彼此怀着牵挂之情挥泪告别,丈夫每天打三次电话问候,真挚的牵挂成了妻子工作的动力。文章对丈夫的心理刻画细腻生动,故事真实感人。又如浙江省丽水市以"感动"为话题的中考满分作文《七旬老翁遭儿嫌 十里乡亲来解难》,作者以消息的形式来写,抓住了社会上"关心帮助老人"这一新风尚,通过对比的手法来突出主题,也体现了作者强烈的人文关怀。文章因而具有很强的社会效应,体现了新闻报道的独特魅力。

【例文】

### 诚信不可抛

1999 年 7 月 5 日

昔日穷乡僻壤,今日富甲一方

(本报讯)十年前,赵家乡河里屯村还是本区省级贫困县中一个名不见经传的小山村。今天在河里屯村"楼上楼下,电灯电话"早已变成现实,甚至互联网、私家车也已"登陆"了。

饲养长毛兔使河里屯村一跃成为了县级的小康村。

由于他们饲养长毛兔精心、科学,加之适宜的自然环境,所以兔毛长、白、绵,深受各地客商的喜爱,并且产品远销日本、韩国以及东南亚各国。雄心不已的河里屯人说还要将他们的产品打入欧美国际市场。

(记者:×××)

2000 年 10 月 23 日

"诚信两字不可丢"——再访河里屯村

(本报讯)时隔一年,我们又一次来到河里屯村,风景依旧,但河里屯人的心情却大不相同,懊悔写在了每一个人的脸上。

看着越来越好的生意,河里屯人在利益的驱使下,打起了各自的小算盘……

一批一批的产品被退了回来,原因是,客商在他们的产品中发现了棉花和杂物。

随声誉的日渐低落,河里屯人的产品很难再卖出去。面对着这些堆得像小山一样的优质长毛兔毛,河里屯人陷入了深深的沉思。

最终,河里屯人发出了这些感悟:"诚信两字丢不得呀!"

(记者:×××)

2001 年 4 月 17 日

重拾"诚信",河里屯人意图东山再起

(本报讯)在沉重的打击下,河里屯人明白了"诚信"在现代商战中不可或缺的地位,他们不甘心就这样放弃河里屯长毛兔已有的影响,决心东山再起,重振河里屯的兔毛事业。

这次,除了重视科教和人才之外,他们将"诚信"作为重振雄风的根本。

他们统一了品牌,并郑重地向社会各界作出了承诺:

在以后的贸易中,您将不会发现河里屯牌兔毛的任何品质问题。

有这样的自信,我们有理由相信,重拾"诚信"的河里屯人,必将走出一片新的天地。

（记者：×××）

【评析】 这篇高考作文形式别具一格，构思新颖，通过对河里屯村的三次采访报道，反映了人们的思想变化过程。报道时间不同，内容各异。河里屯村经济发展的起伏都和"诚信"这一主题密切相关，经过一次沉重的打击，使他们终于明白了诚信的重要地位。

【例文】

## 答案是丰富多彩的

据3号家属楼反应，5楼过道上近日出现一块香蕉皮，其个头之大实属罕见。老话说：西瓜皮滑，滑到哪儿是哪儿。而香蕉皮的滑度比西瓜皮更甚。5楼几户人家都有老有小，万一有人一不小心刺溜一下从5楼滑到底楼，后果不堪设想。于是近日打亮了过道上的三盏灯，不分昼夜地照明，以期不出差错。

据有关人士调查，这块香蕉皮的最初落点非常不理想。它恰好落在赵钱孙李四家之一的包干区的边界处。每天早上，不是李家媳妇上班出门后踢上一脚，使其进入其余三家之一的包干区内，便是赵家老太买菜回来时一脚又将其踢至孙家墙根。据报道，一直以来，这块香蕉皮都处于极不稳定的状态下。故我居委会一致认为应写一份终极报告上报有关部门，敬请尽快采取措施。

一、这块香蕉皮极有可能在赵钱孙李四家组成的"女子香蕉皮足球队"的脚下一直处于不稳定的状态。这是已经发生的事实，也是正在发生的事实，更是很可能继续下去的事实。

二、这块香蕉皮会在某天被回家的某个"红领巾"捡起，扔入垃圾桶中。这是一个让人期待的结局，但可能性不大。一是已过了两天了，尚不见哪家的"红领巾"有此壮举。二是据外界人士透露，这四家"红领巾"所受的教育是："捡到一元钱交给老师，捡到十元钱交给家长。"也是该香蕉皮自己不好，如果它所躺地区为学校操场或学校过道的某一地方，早就有"红领巾"处理它了。

三、就是碰上爱国卫生月，被某位戴红袖章的老太检查时捡起。但爱国卫生月极少，再加上老太往往眼力不济，不知能否瞅见它。也可能在赶上爱国卫生月之前，香蕉皮已经经过变黑发臭的阶段,化成泥了。这自然是皆大欢喜的结局了,虽然历时长了一点。

由于水平资历实在有限,本居委会实在无法想出第四、第五至第三百四十五种终极结果了,恳请上级部门进行开会研究,尽快给我居委会一个答复,在此多谢。

×××

2000 年

有些问题其实很简单,但总有人冠之以"深思熟虑""创新除旧"的名号将其复杂化。要不然为何会有人一年到头,一天到晚都有总也开不完的会。

"答案是丰富多彩的。"我本应想到用朝霞灿烂的语言去描绘孩童的天真烂漫抑或是聪明人无比开阔的想象力。但我很遗憾,我只想到了这些。

【评析】 这是一篇十分别致新奇的文章,语言诙谐、幽默。没想到一块小小的香蕉皮竟然惹来了这么大的麻烦,真有点小题大做。作者的聪明之处正在于通过这种强烈的反差,令人忍俊不禁,启人思索。事情的结果会怎样?"答案是丰富多彩的"暗扣主题,作者的构思令人拍案叫绝。

写作新闻(消息)必须遵循新闻写作的一般要求,要真实、迅速,要具备时间、地点、人物、事件、因果五要素。新闻的写作没有固定格式,可以灵活多样,但从结构上说,它常包括导语、主体、结尾三部分。导语要求用极简明的文字概括消息的主要事实,或者开宗明义,在导语中就揭示主题。它是给读者的最初印象,应对读者产生强烈的吸引力,引起人们的关注。主体是新闻的主要部分,要以具体、典型的材料,表现新闻的主题、印证导语中的观点。同时,对事实的叙述要条理分明、层次清晰、逻辑严密。结尾是新闻的结束语,是对新闻事实的概括总结,起到画龙点睛的作用,使主题思想升华,给读者留下思考的余地。写作新闻不必拘泥于导语、主体、结尾三部分的结构形式,根据内容的需要可以省略导语或结尾。一条新闻只要主题正确,内容新鲜,叙述简明、生动,报道迅速、及时,就是一篇好新闻。

报告是陈述性文件。它的种类很多,按内容可分诊断报告、实验报告、调查报告、请示报告、会议报告等。在写法上各有特定的要求和格式,属于应用文的范畴。

【例文】

## 患者吴诚信的就诊报告
### 四川满分作文

姓名:吴诚信　性别:男亦可,女亦可　年龄:生于 20 世纪 60 年代或 70 年代　职业:待定　确诊方法:中西结合

一、望诊脸色:无甚大碍,就是不会脸红。即使是"落井下石"后,也是脸不变色。眼睛:眼珠缺乏灵活性,只能侧视或者向"钱"看,目光狡黠。鼻子:鼻头上翘,鼻孔变大,嗅觉间歇性失灵。只能闻官气、贵气,而不能闻民气、贫气。舌头:发生变质、发音不准确,舌间形状有变为弹簧的趋势。说"撒谎"(sāhuǎng)发音清晰,说"真话"(zhēnhuà)则发音含糊,吐字不清。

二、把脉:脉搏沉、快、促、紧、滑、涩……典型的吹牛皮后心悸、早搏导致的心脏衰竭的先兆。

三、透视:(1)肝肺呈现出暗色,甚至变黑。(2)脊椎有弯曲迹象,病情表现为直不起腰。

四、血样采集:患者血色呈暗红色。血色分子结构多种多样,有"才"、有"貌"、有"钱"、有"思",其中前三者居多,唯独缺"信","诚"细胞和血小板几乎没有。

五、基因鉴定:经过精密仪器测试,患者的基因已经发生异变。已不能显示系何族子孙,"信、义、忠"结构已被破坏。虽然基因测试确定不出系何族,但其行动都具有浓厚的封建小农意识。表现为见了五斗米就折腰(当然,脊椎已查明有问题),勾心斗角,尔虞我诈,挖人墙脚,落井下石。

六、治疗方法:(1)换血:注入大量"人文"氧气,替换体内有害健康的"拜金主义"二氧化碳。(2)每天早晚一次扪心自问,摸摸自己的良心在否。(3)阅读大量杂文,唤醒其诚信意识。

七、医生建议此病例不是首次发现,十分具有代表性,望患者注意,切莫相互传染。

医生(签章)

【点评】　本文形式新颖,有极强的创新色彩。文章通过"望诊""把脉""透视""血样采集"四种方式,由表及里地刻画出丧失诚信者的特点,通过"基因鉴定"含蓄地揭示出"丧失诚信"的原因,"治疗方

法"和"医生建议"则提出了恢复诚信的基本方法,全文层层深入,从"是什么、为什么、怎么办"三个方面进行了全面阐释,思路清晰,用语诙谐,且不乏令人深思的语句,不失为一篇佳作。

(选自《三晋都市报》2001 年 7 月 29 日)

的确,不读此文,难以想象在"诚信"这个很传统的话题下,还能写出如此富有创意的佳作。本文作者具有强烈的创新意识,巧思独运,着意求新,写下了这篇别具一格的奇文。文中套用医学术语,通过"望诊""把脉""透视""血样采集"四个层次,由表及里地勾画出诚信沦丧者的丑恶嘴脸,又通过"基因鉴定"含蓄地揭示出丧失诚信的原因,"治疗方法"和"医生建议"部分则提出了回归诚信的主要方法,并借病例"十分具有代表性"点明问题的严重程度。作者能娴熟地运用杂文笔法,语言诙谐泼辣,描摹入木三分,不乏发人深思的针砭,真可谓解剖世相,酣畅淋漓。这显然得益于作者丰富的思想和长期的阅读积累。

## 7.3 寄寓深刻哲理的童话寓言

文章可以直接地反映生活,也可曲折地表现生活,人们凭借想象和联想,把现实生活中反映到人们头脑里的东西构成虚幻的形象,描写的都是奇异的情节和虚拟的事物和境界,借以寄寓一定的思想感情,这可避免一般记叙文的简单叙述和一般议论文的枯燥说理,给人耳目一新之感。如以"勇气"为话题,某考生改写了寓言故事"狐假虎威",对狐狸的勇气加以赞赏,寄寓了"只要有勇气,再大的困难都会低头"的哲理。又如江苏省淮安市以"鼓励"为话题的中考优秀作文《单翅鸟可以高飞》,文章写了一则童话故事:小猫头鹰拉拉刚出生不久,就被猎人打断了一只翅膀,很久不能飞翔,她在妈妈的鼓励和帮助下,刻苦训练,使原本折断的翅膀最后不但长出了新翅膀,还长出了羽毛,拉拉大受鼓舞,不怕万难,终于可以翱翔蓝天了。蕴涵了"鼓励有时可以改变人的一生"的道理,故事通俗易懂,避免了空洞的说理,可谓匠心独运。童话与寓言,它们常常通过借古喻今、借物喻人、借小喻大或借此喻彼的手法,揭示事物丰富的内涵和蕴涵着的深刻的道理,我们在进行写作时,同样也可以运用这样一种形式,来表达自己的观点,抒发自己的情感,但它们无一不是以现实生活为基础,通过夸张、拟人、象征等的表现手法反映的现实社会生活中的情形,它们富含讽喻和教育意义,透过具体浅显的故事,寄寓深奥的道理。童话的写作,最重要的一个特点就是联想和想象要在现实社会生活中找到它的缩影,而不是胡思乱想,这样,虚构出来的故事才会有现实的意义,才能警醒人们,给人以启迪。

**【优作】**

## 留给明天
### 天津一考生

3030 年的一个下午,伊波懊恼地坐在窗口,呆呆地望着眼前一座座早已人去楼空的大厦。头顶灰黄灰黄的天空还下着毛毛细雨,空气中弥漫着难闻的气味。哎,又是酸雨!伊波不由深深叹了口气。

就在几天前,地球上的最后一批人也集体迁往建设好的火星,抛弃了这已满目疮痍的人类故土。当时,伊波正在地下 126 层的公寓里休息,接到 E-mail 通知时,电梯已断电了,当他气喘吁吁地爬到地面时,火箭已经升空了。他绝望了,对天空大声喊着:"还有我呀!不能这样把我丢弃呀!"无人回应,地面上所有机械设备都被掐断电源,伊波无法与火星上的人们联络,更何况人们原本就没打算在火星地球之间架设太空站——成本太高了。

空虚、恐惧一次次袭来,几乎让伊波透不过气来。突然,"咚咚咚",工作室的门被敲响了,有人还没走?伊波忘了可以用遥控器开门,快步冲到门口,打开了门。啊!

"好啊,真还没走光啊!"金丝猴气急败坏地吼道,"人类真自私!把地球搞成这样,就开溜!"

伊波还没回过神来,其他动物也七嘴八舌地议论着、谩骂着。丹顶鹤清清嗓子,叫道:"安静安静,各位请安静!我来讲几句。先生,别生气,小猴是过火了点,可它讲得一点也没错。虽然我们智商没你们高,可我们很明白是谁把我们共有的家园污染成这副模样,树和动物一样稀少,凑在一起连林子都算不上。气候反复无常,六月下雪,一月不是酸雨就是洪灾。天是黄的,土是黄的,连空气里都是黄沙、二氧化碳。一切这么衰败,是谁造成的? 以后火星也会成为这个样子,那时怎么办? 再跑?"

丹顶鹤还在喋喋不休地数落着。伊波心里复杂极了,人类为什么迁徙? 地球为什么会这样子? 伊波流泪了,为可怜的地球流泪,更为可耻的人类流泪。

"我要替人类赎罪,建设好今天,留一个美好的地球给明天。"伊波下定决心,开始愚公移山般地工作。他想着,一天种下一百棵树,一天就可以为明天创造亿分之一的美好。哪怕耗尽这一生,他也要尽自己全力,改造满目疮痍的家园,留给明天一个温馨和谐的社会。

**【名师指津】** 本文是一篇科幻为体裁的童话作文,文章以丰富的想象、合理的联想,虚构了一个千年以后的故事:一名叫伊波的人类未能逃离千疮百孔的地球,成为最后一个地球人。如何面对眼前的现实,如何重新与地球上的其他动物共存? 伊波决心以实际行动解决这些问题,于是,伊波下定决心为绿化地球奉献自己的一生,文章最后以"留给明天一个温馨和谐的社会"为结束语,从而点明题意,回应了话题。不言而喻,这篇童话所谴责的是破坏环境的人类,希望唤醒人们的良知,从长远看,保护环境,为了明天,建设好家园。

**【优作】**

# 卖书

### 贵州一考生

话说唐僧取经回来后,花果山众猴见孙悟空得道成仙,无一猴不羡慕。其中一只叫小三儿的,也梦想着有一天能赚钱出名。

一天,它问孙悟空:"大王,要怎样才能赚大钱呢?"孙悟空眨眨眼睛,想了一会儿说:"最近流行出书热,你也写本书吧。"

小三儿心想,我别的什么都不会,就是写作文还行。以前考试,我的作文还得过第一呢。对,写书。

它兴冲冲地回了家,用三个月时间,打造出一本《新大唐西域记》,拿去给孙悟空审核。孙悟空翻了翻看了看。"嗯,不错。写得真的不错。"小三儿挺高兴,回去找了家出版社,印了几千本书开始销售。

书上了市,反响平平。两个月过去,才卖了一千本不到。怪了,怎么没人买呢? 小三儿想不通。于是它上街做起了市场调查。

"《新大唐西域记》呀？没听说过。"

"什么？看书？谁有那闲工夫。"

"对不起，我急着回家上网。"

"《新大唐西域记》？买了，还没来得及看呢!"

问了几个人，不是没听说过就是买了没看，理由大都是没时间呀、要上网呀什么的。小三儿有点儿受打击。它又问了一个人："你看过《新大唐西域记》吗？"

"看过看过，写得挺好。"

小三儿挺高兴，问道："你是买了书还是向别人借的。"

那人像看怪物似的看着小三儿："你有病吧! 现在谁还买书呀! 网上看书又快又实惠。好好学学吧你。"

网上卖书，成吗？小三儿边走边想，肯定已有人发了我的书。

"哟，这不是三儿嘛。怎么样，书卖得好不好呀？"猪八戒走来，问道。

小三儿摇了摇头。猪八戒听它说了事情的始末，抚着肚子告诉小三儿："你呀，一开始就不应该听猴哥的，你应该把书发到网上去，那样才会火爆大卖，听我的，没错。"

于是小三儿回到家，把书发到了网上。果然不出一个月，点击率就已经非常高了。小三儿买了套西服，买了部手机，成了有钱人。

孙悟空见到它，语重心长地对它说："现在像你这样写作，过不了多久人们就会忘记你，经典的东西是应该能保存很久的东西。"

小三儿不以为意，继续做着网络写手。

两百年过去了，人们对网络书籍的兴趣已经淡了。很少有人再上网看书，小三儿又成了花果山上普普通通的一只猴子。

天庭，孙悟空对八戒说："八戒，你看，还是我说得对吧。书籍能永久保存人类的思想。通过看书，才能有所提高，什么网络呀，信息时代呀、不过是过眼云烟，就像一阵风吹过，什么印儿也没留下。"猪八戒无奈地笑了笑，低头看看人间书店里来来往往的人群。

**【名师指津】** 体裁形式的创新，已经成为高考作文一个重要的得分因素，但体裁形式不是一个孤立的东西，它必须紧密结合内容，为内容的表达服务，才会活起来，真正发挥作用。《卖书》一文的即以"童话"的方式揭示了现实社会生活中真实现状，它借用《西游记》的故事，目标直指出版界和图书阅读中的种种不良倾向，呼唤优良阅读传统的回归。文章语言幽默诙谐,使人忍俊不禁。

【优作】

# "三"的奇遇

### 湖北一考生

自从"三"被仓颉老爸造出来以后,就一直不服气,整天拉长着脸。他想:"凭什么我总是排在最后一位,当个'季军'!"既没有"一"的洒脱利落,又没有"二"的出双入对。于是,"三"决定离家出走,自个儿闯荡江湖。

"三"来到了一所学校的外面,听见里面的孩子正在早读。于是"三"一溜烟蹿上了窗台。"三人行,必有我师……""三"字听到自己的名字,往桌上一看,只见《论语》写着这样一句话。"三"是又惊又喜,忙问自己的影子:"你在这儿过得好吗?"影子说:"很好呀,孩子们每天都要诵读我们呢! 如'三思而行''三省吾身'……大家都很爱戴我们,说我们代表了变幻与重复! 代表了众人的力量,代表了稳定与踏实。这样吧,我带你到处看看吧!"说着影子从书本上钻了出来,拉起"三"往外就跑。

他们来到书店,书店许多书上都有"三"的身影,有些书干脆就直接用"三"命名,如《三字经》、《三言二拍》,这可把"三"给喜坏了。他随手翻开一本书,只见上面写着"举一反三","三"一看当场凉了半截,口里喃喃道:"干吗要反对我呢?"影子听到了,笑着说:"你可别会错了意,你在这儿是含有'灵活、多变、有内涵'的意思哦! 说的是例举一个事例,可以推及到其他事例。你可是变幻女神了!'三'不光只是代表无用功的重复,而代表了一次又一次更深刻的理解,每次都有变化,每次都有新的意义,不停止不前,勇于创新。"听着听着,"三"不觉脸红了,觉得人们对他其实挺好。

"三"又随影子来到了人群之中,突然听见一个人说:"三个臭皮匠,顶个诸葛亮。"话还没听完,"三"又急了,怎么又把我与"臭"字放到一起。影子赶快安慰说:"你又弄错了,这儿的'三'代表了众人的力量。你可是团结女神了!'三'个人字,便是'众'。在人们口中,你便是团结互助的象征。你还可以与'人'字组合,成为'仁'字呢! 就是三个人的意思。看,这多亲切呦!""三"觉得好感动,其实自己是个很有用的字呢!

"三"又来到了木工房,可到处找,这儿哪有"三"啊! 影子笑着说:"别急别急,你看见桌子上的三角形了吗? 三角形也有'三',而且三角形是最稳定的图形了。你在这儿可是安定、踏实的象征呢!""三"点点头,略有所悟。

这时,仓颉出现在了"三"的面前,他笑着说:"小三儿,这回想通了吧?""三"点点头。他想,其实每个汉字都承传着一种意义,代表着一种源远流长的文化,自己还自怨自艾什么呢!

**【名师指津】** 本文运用拟人的手法,写了"三"一路的所见所闻,在学校受到的欢迎、书店里的尴尬、人群中的感动和木工房里的感悟,四个场面,从不同的角度诠释了"三"的作用和意义,最后指出"每个汉字都承传着一种意义,代表着一种源远流长的文化"这一主旨。全文构思新巧而又紧扣题意,特别是叙述简明生动,是一篇优秀的高考寓言类作文。

寓言的特点一般为小、少、简、深。小是指其篇幅短小;少是指涉及的人物数量少;简是指故事情节简单;深是指它所蕴涵的道理深刻。寓言的写作,一般要通过生动形象的情节去打动读者,感染读者,给读者以深刻的道理,因此,常常运用拟人的手法进行写作。这样,就会使形象鲜明活泼,避免了刻板抽象的说教。

# 7.4　演绎旧题新意的故事新编

郭沫若的历史剧写作观是,借古人的尸骸,吹嘘些现代人的气息进去。故事新编是指形式比较新颖,内容较为有趣的文学体裁。它指的是把广为人知的神话、传说或文学作品的某一情节进行改编或是变换一下时空,让故事中的人物做点新事情,故事情节要体现出新的内容和含义。故事新编,简言之,就是旧瓶装新酒,让约定俗成的陈芝麻烂谷子,如寓言,如童话,如传说,或经典的人物,或耳熟能详的事例,或色彩斑斓的物象,能契合话题加以丰富想象,使其焕发浓郁的现代气息,成一崭新的故事的写法。许多小小说往往采用故事新编这种形式,以幽默诙谐的语言表现深刻的主题。这种形式往往以人们熟知的某一人物或事件为依托,融入人们的现实生活情况,达到再现生活的目的。多数文章都妙趣横生,具有辛辣的讽刺意味,让读者在笑声中受到教育和启迪。高考满分作文《赤兔之死》,作者充分发挥想象和联想演绎出了一则新故事。作者编撰了赤兔马为诚信而殉身的故事,通过赤兔马之口,将关羽与董卓、吕布等人加以对比,阐明人无信不立的主题。与其说是写旧故事,还不如说是写现实社会的人。文章巧妙化用名言诗句,结合当今社会的贪图名利、自私自利等种种现象加以评说,增强了文章的趣味性和可读性,是一篇极具个性的创新之作,值得细细玩味。

写这类作文,一要展开合理的想象,如心理,如细节等,但又不能天马行空;二要挖掘,挖掘出新意,绝不能石古不化;三要和话题挂钩,不能下笔千言,离题万里;四是最好能和现实发生"关系",能带点"刺"。

## 【优作】

## 愚公新传

### 高　腾

话说从前有太行、王屋二山,东西相连。山下有个开山村,村里有个倔老头,叫愚公。

愚公是卖菜的,每天一清早便挑了筐白菜上县里去卖。碍着两座大山,每次只能默默地绕道而行。这几年,山边搞开发,草木越来越少,沙子反倒越发多了。这天愚公一不留神一个跟跄栽进了沙子里。也不知咋的,几十年的榆木脑瓜竟豁然开朗,一句骂道:"他妈的沙子,他妈的山,老子不信天天着你的道!"说罢狠狠地往地上唾了口沙子。

自那以后,老头倔劲上来了,领着一家子,拿着铲子筐子,开着拖拉机全副武装,来到山前挖起山洞来。村里人鼓励道:"愚公,加油!"愚公笑了笑,接着挖。每天挖呀,运呀,运呀,挖呀,一晃就过了五年。

这年头,山边的沙尘暴是越发厉害了。县里派了位技术员智叟下乡治荒漠化。智叟一到,便见愚公在那里那个挖呀,便不解地问:"老哥,干啥呢,挖金子哪?"

愚公看了他一眼,说:"俺要挖个山洞。"

"山洞?"智叟听了想笑,便道,"老哥这又何必呢! 挖山洞这么费事,何况这又是个豆腐渣工程呀!"

愚公狠狠瞪了他一眼:"俺不怕,你怕个啥?!"

智叟自知没趣,想,自己还有任务呢,没时间理这个老头子,便转身走了。

山边的荒漠化着实严重,智叟经过深思熟虑后排出了一系列方案,开办了"99 防护林"工程,决定在荒漠地区种植杨树、桃树,杏树……

光阴似箭,一晃又是五年过去了。

愚公的山洞已经开通,虽然挖得不怎么样,但还能凑合着用,挺直的,也挺安全。村里人急着出山的便钻进山洞,一溜烟便从那头钻了出来。

智叟的"99 防护林"工程也已圆满竣工,绕山而弯,昔日不毛之地桃花盛开,芳香无比,令人流连忘返。因此,很多人到县城去喜欢走这条路,既平坦又舒畅。

愚公疑惑了:"咋有人近路不走走远路呢!"

智叟也很困惑:"破山洞竟也有人钻,真是邪了!"

(作者系浙江永嘉中学高一学生))

**【点评】** 文章成功地运用"故事新编"的方式进行写作,让《愚公移山》这老掉牙的寓言有了新意。究其原因,一是想象较好,愚公有了新的元素又不失其本,成了"熟悉的陌生人";二是和现实很好地联系了起来,如"开着拖拉机",如"下乡治荒漠化",再如"防护林",很有生命力、亲和力;三是老到的语言,幽默风趣,读来使人忍俊不禁,也使文彰增色不少;四,也是最重要的一点,文章卒彰显志,以漫不经心的两句话,紧扣话题,又绾住全文,尽显构思的巧妙,匠心的独具,实在是一篇优秀的考场作文。

**【优作】**

## 龟兔赛跑

森林里将要举行第十一届全运会。

动物们情绪高涨,纷纷报名参赛。兔子和乌龟都想参加马拉松比赛,但是名额有限,二者只能有一个参加。为了公平,为了让二者心服口服,组委会决定让兔子和乌龟通过比赛来争取这个名额——赢者可以参加全运会的马拉松比赛!

兔子欣然同意,他坚信自己不会输的——吃一堑长一智,他肯定不会像上次一样让乌龟捡个便宜的。可是乌龟犹豫了,他和兔子比不比呢?比吧,自己肯定是输——兔子绝对不会像上次一样,他会轻而易举地赢过自己的;不比吧,参赛权肯定也就没有了,再者还会让其他动物笑话自己的懦弱——知难而退……乌龟独自走在草丛中,不知如何是好。突然他停下了脚步:前面的绿草丛中镶嵌着一朵朵不知名的小花,是那样的和谐,是那样的美……一个念头在头脑中闪过,他决定了:无论是输是赢,他都要比,要去试试,决不放弃任何一个机会。

比赛那天,森林里可热闹了:天上飞的、地上跑的各种动物都来观看比赛了。

哨声响了,兔子像离弦的箭一样向前冲去,而乌龟则一步一个脚印地向前慢慢地爬着。兔子跑了一会儿,回头看不见乌龟的影子,便跑到一块儿萝卜地去加餐,而乌龟则慢慢地爬着……他爬呀爬,爬到萝卜地旁边,看见兔子正在美滋滋地吃他最爱的萝卜,乌龟乐了:兔子该不会是老毛病又犯了吧,要是那样的话……乌龟更加拼命地往前爬,他想抓住这个机会。可是,事与愿违,兔子吃饱了,发现乌龟超过自己了,快要到终点了,便飞奔而去,可想而知,兔子在最后的时刻,超过了乌龟,最先到达终点……乌龟失败了,兔子赢了——这是大家预先知道的结果,所以谁也没有感到意外。

狡猾的狐狸用嘲笑的口吻说:"小小的乌龟,自不量力,想和兔子赛跑争输赢,等你长出翅膀再说吧!"

慈祥的老树爷爷却和蔼地问乌龟:"你明知道自己肯定要输,为什么还要和兔子比试呢?"乌龟对老树爷爷报以微笑:"因为一个念头,绿草丛中因为有了不知名的小花的点缀,显得异常美丽;人生也是这样,只有无数次新的体验,哪怕是失败的体验,也会使乏味的人生变得丰富多彩。我虽然失败了,但是我在心灵的记忆深处增添了一份体验的经历……"

顿时,热烈的掌声响起来。组委会鉴于乌龟的这种精神,破例允许他和兔子一道参加马拉松比赛。组委会给出了一个理由:人生离不开体验,我们需要更多的勇于体验的乌龟……

(选自《八斗文学 http://www.8dou.net)

# 7.5 直击社会病态的杂文随笔

　　杂文,鲁迅喻之为"匕首"、"投枪",其形式自由活泼,总给人一种创新的感受,其最主要的表现手法是讽刺。杂文具有很强的针对性,往往直击社会病态,而随笔显得温和些。随笔与杂文稍有区别,知识性随笔可以不涉及社会问题。但是杂文就不然。一篇杂文如果不涉及社会问题与矛盾,即便写得再好也失去它应有的意义。凡是触及了社会问题与矛盾的,又有一定深度的杂文都应该算是好杂文。中高考中不乏杂文类的佳作。如浙江省舟山市以"沟通"为话题的中考优秀作文《沟通只需半步》就模仿报告的形式来写,直击我们中学教学的种种弊病,指出师生之间应该相互沟通,主张创设一种自主、平等、和谐的教学氛围,具有很强的时代感。又如河南省以"友善"为话题的中考满分作文,某考生以随笔的形式谈了当今社会种种不友善的行为,结合历史典故加以评论,文章引古论今,纵横捭阖,呼唤真诚友善的人际关系,具有积极的现实意义。

　　人生有无数次远行,然而最轻松最惬意抑或最沉重的是心灵的远行。它可以让我们回到动人的故事中去,让我们的心灵切入一段段难忘的经历;它可以将我们带入将来的某一时刻,令我们憧憬着一首首精彩的歌;它甚至可以将我们带入丰富多彩的文学艺术殿堂,令我们的心灵沐浴在文化的光辉之下——的确,它可以诠释我们在某一时刻的内心世界。

　　这是一个可以让我们尽情发挥的时代,回忆过去、想象未来、欣赏艺术,每一个角度都可以让我们写出很多新颖之作。但仅仅从选材和构思上下工夫好像已经不够,我们还应该从作文的外部形式上寻找更多的新意。教师的责任是帮助学生使他们把内心深处最真实的思想充分并且理想地展露出来。当然,文体创新不是故弄玄虚,也不简单等同于标新立异,问题的关键还在于文章有无思想深度,形式的创新要考虑内容的需要。创新作文不要光去追形式,要达到内容的丰富性、广泛性、可读性,光有其外表,而败絮其中是得不了高分的。

# 结语:写作思维与知识获得

众所周知,思维方式包括思维速度的敏捷与迟缓、思维深度的深邃与肤浅、思维广度的宽阔与狭窄……这一切,与一个人对知识的获取是成正比的。

知识是人类社会历史经验的总结,是打开心灵的钥匙,是推动社会前进的动力。一个人的能力,是通过知识、技能的掌握而形成和发展起来的。掌握知识,是提高能力、发展能力的必要条件。人的"能力"、"才能",总是以知识技能为中介。知识多了,能力才会提高,工作才会有创造性。尽管能力对知识掌握的快慢深浅难易和巩固的程度存在着制约关系,但是要发展能力和技能首先还是要掌握丰富的知识。

古人云:"读书破万卷,下笔如有神。""不学诗,无以言。"事实告诉我们,无知必然无能、无才,要有所创新是难以想象的。

要具备广博的学识,就要学习多方面的知识,要像蜜蜂一样,采千朵花酿一点蜜。"操千曲而后晓音,观千剑而后识器。"只有学识广博,才能深厚,不至于捉襟见肘,才能建立比较完善的认知结构。

广博的学识首先来源于博览群书。博览群书一要通过书本的学习去获得各门科学或生活等方面的知识,了解社会各种行业各种人物,增加知识,扩大疆界,进而提高自身的文化修养。二要通过书本去学习、吸收和借鉴别人运用语言的技巧。学习别人的语用艺术,不但要注意他"写什么",而且还要注意他"怎么写"。注意了别人怎么写,才容易掌握一些语用技巧,形成自己的风格。腹有诗书"文"自华,如果写作者知识渊博,头脑里有一本"百科全书",大到宇宙奥妙,小到原子秘密,古今中外,四面八方尽聚于脑,那么他的视野就会宽广,思维也会敏捷。这样,一到运用也就可以顺手折精华,随手熔一炉,达到"胸藏万汇,口有千钧"。

广博的学识,既包括书本知识也包括社会实践知识。社会生活是所大学校,是写作者的取款机。歌德说过:"诗人不是一生下来就知道法庭怎样判案,议会怎样工作,国王怎样加冕,如果要写这类题材而不愿违背真理,他就必须向经验学习或文化遗产请教。"①虽然歌德这里说的是生活材料对文学创作的问题,但对中学写作也有借鉴作用,也就是说,在我们谈论到判案等方面的事情时,我们就必须要有判案这方面的知识,就必须向"判案"学习请教。一个人没有"判案"方面的知识,连说都无处说起,又怎么描绘得生动呢?

到实践中同样可以学习别人语言的艺术技巧。语言的丰富,来源于生活的丰富。老舍先生说过:"到生活里去,那里有语言的宝库。"还说:"语言脱离了生活就是死的,语言是生命与生活的声音。"②老舍把生活视为语言的宝库,认为语言的死和活与生活有着十分密切的关系。这种观点是十分深刻和精辟的。

---

① 《歌德谈话录》,人民文学出版社 2003 年版,第 123 页。
② 老舍:《语言与生活》,载《出口成章》,作家出版社 1969 年版,第 21 页。

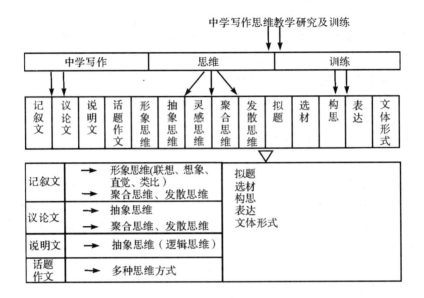

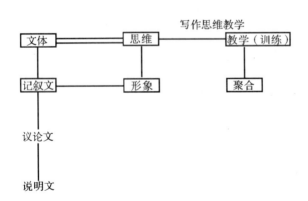

**图1　中学写作思维教学研究及训练概念图**

# 参考文献

联合国教科文组织国际教育发展委员会编著,华东师范大学比较教育研究所译:《学会生存——教育世界的今天和明天》,教育科学出版社 1996 年版。

林崇德主编:《发展心理学》,人民教育出版社 1995 年版。

张春兴主编:《教育心理学》,浙江教育出版社 1998 年版。

潘新和:《中国现代写作教育史》,福建人民出版社 1997 年版。

RobertJ. Sternberg 著,杨炳钧、邹枝玲译:《认知心理学》(第三版)2006 年版。

周耀烈主编:《思维创新与创造力开发》,浙江大学出版社 2008 年版。

林婉卿、黄小娟主编:《作文新突破》,福建教育出版社 2001 年版。

王立根:《作文智慧》,海峡文艺出版社 2004 年版。

李世海等:《创新教育新探》,社会科学文献出版社 2005 年版。

孙绍正:《文学创作论》,海峡文艺出版社 2004 年版。

**图书在版编目(CIP)数据**

中学写作思维教学研究及训练/林婉卿著. —厦门:厦门大学出版社,2009.9

(杏坛匠意:福建省厦门双十中学教师文丛)

ISBN 978-7-5615-3357-4

Ⅰ.中… Ⅱ.林… Ⅲ.作文课-教学研究-中学 Ⅳ.G633.342

中国版本图书馆 CIP 数据核字(2009)第 172049 号

厦门大学出版社出版发行

(地址:厦门市软件园二期望海路 39 号 邮编:361008)

http://www.xmupress.com

xmup @ public.xm.fj.cn

厦门市明亮彩印有限公司印刷

2009 年 9 月第 1 版 2009 年 9 月第 1 次印刷

开本:787×960 1/16 印张:12.25 插页:2

字数:188 千字 印数:1~1 600 册

定价:25.00 元

本书如有印装质量问题请直接寄承印厂调换